Réussir ses patines

Catherine Levard

savoir & faire

massin

Sommaire

Chaux, poudre de marbre et sable composent cet enduit teinté de pigments. Il est protégé par une cire colorée qui le nuance en surface. Réalisation Riccardo Magnano. © Photo A. Rety.

Les clés de la réussite

Les patines offrent un aspect séduisant aux murs et aux meubles, dont elles enrichissent les couleurs de nuances, d'effets de transparence, de reliefs et autres subtilités.

Les patines évoquent un passé où la part artistique, à l'encontre de la décoration intérieure, tenait le haut du pavé. Bonifiés par le temps, les effets multiples conservent leur part de mystère et suscitent l'engouement au point d'exercer une envie croissante de les reproduire chez soi, en ville ou à la campagne. Toutefois, la patine étant un effet naturel de vieillissement, toute tentative reste artificielle. Mais qu'importe, pourvu que le résultat vous séduise.

Patiner, c'est vieillir un peu...

Sous le terme « patine », se déclinent de multiples techniques visant à donner un caractère ancien à ce qui ne l'est pas. Les recettes abondent pour y parvenir, à partir de produits traditionnels ou actuels, sachant que le geste d'application et l'outillage ont une importance majeure. Ce livre ne prétend pas aborder toutes les techniques, en particulier celles d'autrefois beaucoup plus complexes qu'il n'y paraît.

Un simple badigeon acrylique appliqué à l'éponge étale une couleur nuancée qui révèle le veinage du bois.
© Photo Ph. Louzon.

Il faut des années à un homme de métier pour acquérir la parfaite maîtrise de la patine au prix d'expériences multiples et d'une connaissance approfondie des produits qu'il manipule et de leurs réactions. Alors, restons simples !

De l'effet aux reliefs

L'effet est un résultat... Donner de l'effet à un support, c'est lui apporter un plus pour le mettre en valeur. Effet peinture, effet de transparence, effet de brillance, effet de couleur... Sans oublier le relief, naturel sur une maçonnerie brute, ou artificiel, si l'on recourt à des enduits talochés ou brossés. Les effets les plus simples à entreprendre peuvent s'offrir en spectacle, allant du glacis aux badigeons, en passant par les laits de chaux. Quelques produits basiques y suffiront, parfois même une simple peinture du commerce fortement diluée.

En ce qui concerne le relief, qui n'a pas été sous le charme d'une vieille bâtisse aux murs irréguliers revêtus d'une simple peinture ou d'un lait de chaux ? Les parois des constructions actuelles rivalisent de raideur sous leurs enduits lissés. Pour leur donner de la vie, un simple enduit sommairement appliqué est une base idéale sur laquelle une finition colorée prendra toute son ampleur.

L'enduit peut également être teinté dans la masse par simple adjonction de colorant et bénéficier d'une finition cirée ou d'un glacis. Enduit maison ou prêt à l'emploi, c'est selon...

Le glacis dépose sur les murs une délicate transparence qui fait vibrer les couleurs. © Photo M. Horiot.

La chaux déclinée

On utilise la chaux pour forger des décors rustiques ou sophistiqués. Badigeon, lait et peinture sont les plus simples à réussir si l'on respecte les dosages des différents composants, qui permettent de fixer les couleurs et d'éviter le farinage. Les enduits à la chaux restent plus délicats. Tadelakt, stucs, marmorino le sont davantage, mais, en suivant le mode d'emploi, on pourra parvenir à un résultat prometteur. Les produits du commerce, prêts à l'emploi, ont beaucoup d'atouts, et notamment celui de la facilité de mise en œuvre pour réussir un décor « façon tadelakt » ou « façon mur chaulé ». Quelques-uns sont présentés ici, car ils méritent d'être découverts.

Les glacis

Le glacis est un mélange transparent incolore qui valorise une teinte appliquée en amont sur le support. Il peut être légèrement teinté, pour offrir une coloration à un support neutre.

Le glacis, couramment appelé patine, nuance un fond par effet de transparence. C'est la méthode de « vieillissement » la plus simple à mettre en œuvre.

Un glacis doit être uniformisé et lissé au moyen d'un spalter, de gauche à droite et de bas en haut, avant d'être travaillé avec chiffon ou brosse. © Réalisation M. Balic. Photo Y. Robic.

Une technique ancestrale

Le glacis se réalise soit à partir d'un produit prêt à l'emploi dont le dosage des composants est garanti, soit en faisant soi-même un mélange, avec 2/3 d'essence de térébenthine, 1/3 d'huile de lin et 3% de siccatif. La coloration s'effectue par l'adjonction de peinture artistique en tube, plus facile à mélanger que des pigments en poudre. Un glacis, ainsi préparé, est dit « à l'huile ». Pour un décor mural, il offre l'avantage de sécher lentement, vous laissant le temps de le « travailler » jusqu'à obtenir l'effet qui vous plaît, de le retoucher par endroits sans craindre de laisser des traces de reprises. En règle générale, on prévoit 1 litre de glacis pour couvrir entre 20 et 25 m^2, sachant qu'un fond mat en absorbe un peu plus qu'un fond satiné. Une fois sec, le glacis doit être recouvert d'un vernis. Un glacis teinté, prêt à l'emploi, généralement commercialisé sous le nom de « patine », offre la garantie de la couleur à choisir sur échantillon, contrairement à une préparation « maison » qui, à défaut d'expérience, n'est pas toujours facile à mettre au point.

Le glacis traditionnel à l'huile est appliqué sur des fonds en plusieurs teintes illées avec spalter et chiffon. © Réalisation Magd'Art. Photo F.-L. Ducout.

Deux litres d'eau + une tasse de vitrificateur pour parquet à l'eau + des pigments terre de Sienne composent le glacis passé et essuyé sur les murs peints en deux tons. © Réalisation N. Kenny. Photo D.R.

Des variantes à connaître

Composé de peinture acrylique artistique fortement diluée à l'eau, le glacis à l'eau est beaucoup plus délicat à appliquer, car il sèche si vite qu'il n'offre pas le temps nécessaire à un débutant pour le travailler. Toutefois, il existe dans le commerce, des glacis à l'eau prêts à l'emploi, qui intègrent des composants chimiques visant à ralentir le séchage. Si vous optez pour cette solution, vérifiez le temps ouvert qui est indiqué sur l'emballage, il donne la durée pendant laquelle vous pouvez travailler le glacis frais.

Le glacis à la bière, composé simplement de bière et de pigments en poudre mélangés, s'utilise essentiellement sur le bois préalablement peint et enduit de blanc de Meudon en poudre, pour favoriser l'accroche. Il faudra obligatoirement le vernir, pour le stabiliser et valoriser le grain du support.

Ce décor au glacis, teinté par une peinture en tube bleu outremer moyen, est obtenu au moyen d'un chiffon plissé.

© Photo Y. Robic.

Cet effet poché est obtenu par une brosse à pocher, avec laquelle on tamponne le glacis sans appuyer.

Des effets variés

Le glacis permet de varier les effets décoratifs selon l'outil avec lequel on le travaille. C'est à cette diversité qu'il doit son intérêt.

Il y a deux manières de procéder, soit par « effacement », en retirant du glacis grassement déposé sur le support, soit par « ajout », en ajoutant du glacis sur le support déjà traité. Pour l'une ou l'autre de ces méthodes, vous choisirez un outil selon l'effet recherché.

Un décor en trois temps

Deux produits complémentaires, prêts à l'emploi, et formulés à l'eau, sont mis en œuvre pour la réalisation de ce décor mural « bleu azur » (« Les Patines » de Pat's Déco). L'application de la sous-couche blanche se fait au rouleau en une passe, sur un fond propre et recouvert d'une couche d'impression. Les résines alkydes qu'elle contient créent un support lisse et tendu qui facilite le travail de la patine de finition. Ce glacis a un temps ouvert d'environ une heure, ce qui permet d'intervenir sans précipitation.

La finition s'applique au moyen d'un spalter (pinceau plat), en travaillant par zones successives de quatre à cinq mètres carrés, que l'on couvre en croisant les mouvements, et en laissant le bord coloré extérieur en dents de scie.

Aussitôt appliqué, le glacis est tamponné jusqu'à vingt centimètres en retrait du bord. Une autre zone est ensuite recouverte de glacis, puis tamponnée, en commençant par la bande colorée laissée en attente. Et ainsi de suite jusqu'à ce que vous ayez couvert la surface totale des murs.

L'effet poché, c'est-à-dire en tamponnant le glacis avec une brosse à pocher, est le plus classique. La brosse efface les traces du spalter qui a servi à l'application. Elle peut être remplacée par un chiffon froissé, dont les plis laissent leurs empreintes. Cette opération sera éventuellement suivie d'un blaireautage, au moyen d'un balai blaireau que l'on manipule en dessinant des 8, pour adoucir les traces.

1

Sur une sous-couche blanche, on applique le glacis à l'eau, prêt à l'emploi, au spalter, en variant le sens des gestes.

2

Sans attendre le séchage, le glacis est tamponné à la brosse à pocher, pour supprimer les traces de cordage.

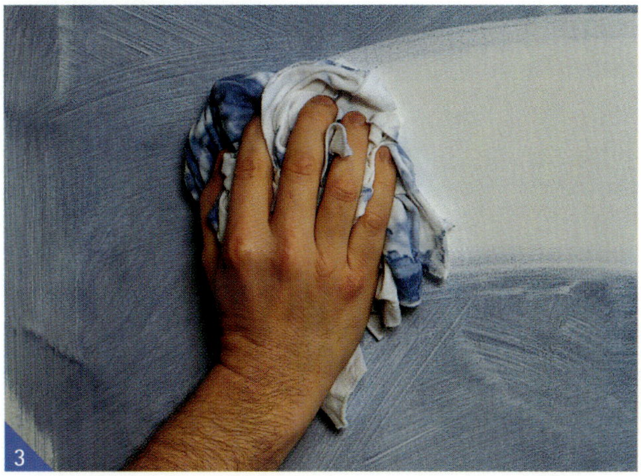

3

Le temps ouvert du glacis doit être assez long pour pouvoir effacer un effet insatisfaisant et entreprendre un nouvel essai.

Reportage : © Photos Y. Robic.

Jouer avec les couleurs

Il vous est possible de créer un décor en associant différents glacis teintés. Toutefois, évitez les excès et dosez bien les nuances pour obtenir un résultat harmonieux.

La patine décorative, réalisée avec deux glacis teintés appliqués simultanément, procure des effets nuagés. Les pigments qui entrent dans leur composition doivent être de coloris proches, pour éviter les contrastes violents, le but étant d'élaborer un décor ton sur ton évoquant le parchemin.

On applique les deux glacis préparés à l'huile avec des brosses de pouce, par touches successives, sans les mélanger, c'est-à-dire en laissant des blancs entre elles. En passant le spalter, vous les mélangez ensuite pour obtenir des nuances irrégulières, puis vous tamponnez la surface avec la brosse à pocher, afin d'atténuer les traces de pinceau.

Deux coloris peuvent être associés, mais non mélangés. Le travail est plus long, car le premier glacis doit être sec, pour permettre le passage du second. C'est un moyen subtil de réaliser des motifs dont les contours seront bien évidemment délimités au crayon noir léger.

En jouant sur deux tonalités de jaune, séparées par une frise au pochoir, la perspective du couloir est corrigée. La teinte soutenue est toujours en partie basse, l'inverse serait pesant.

© Réalisation Ioanna Troianos. Photo F.-L. Ducout.

Le décor est réalisé avec deux glacis de ton proche. Sur le plus clair, appliqué avec une éponge sur toute la surface, les losanges sont tracés après séchage, avec un gabarit, puis certains d'entre eux sont retravaillés, avec le glacis plus soutenu. Des filets dorés, peints à main levée, cachent les traits de crayon. © Réalisation C. Carbonel. Photo P. Smith.

La couche de fond est une peinture glycérophtalique rouge, « cassée » par du colorant terre de Sienne brûlée. Elle est recouverte d'un glacis teinté en rouge, tamponné avec un chiffon froissé.

© Photo G. Trillard.

Des effets spéciaux

Le geste de l'applicateur et l'outil se conjuguent pour créer l'effet. D'où la nécessité d'effectuer des essais avant de se lancer.

De toute évidence, vous n'allez pas décorer vos murs sans avoir effectué quelques essais sur des supports assez grands pour pouvoir les comparer, et les apprécier à distance. Panneaux de bois ou chutes de plaques de plâtre conviendront. Vous peindrez le fond exactement comme le mur, avant de déposer le glacis, et de le travailler avec tel ou tel instrument. Le temps ouvert d'un glacis à l'huile, ou d'un glacis à l'eau prêt à l'emploi, permet d'entreprendre plusieurs essais successifs car, si le résultat ne vous plaît pas, avec un simple coup de chiffon, vous effacez le tout avant de recommencer autre chose.

Choisir son outillage

L'effet nuagé consiste à retirer du glacis par essuyage du mur, à l'aide d'un chiffon, pour valoriser par endroits la teinte du fond. On applique le chiffon non pelucheux, en boule, en exerçant une pression.

Cet effet nuagé est obtenu par effacement du glacis avec un chiffon. Il convient d'en changer, dès qu'il est trop chargé. © Photo Y. Robic.

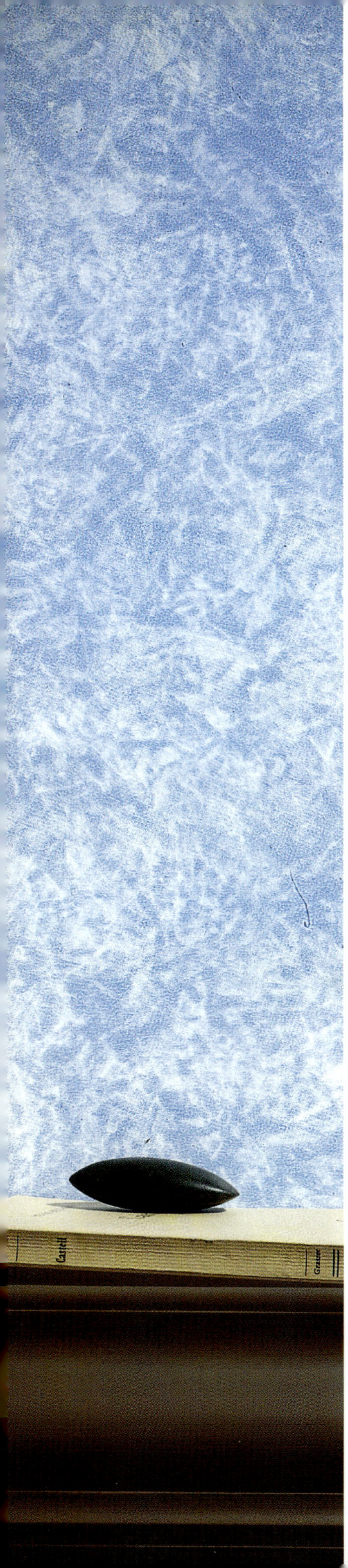

1

Pour obtenir un effet nuagé satisfaisant, utilisez un chiffon en coton. Il se cale dans la main, puis on fait un creux en son centre avec le doigt.

2

Sans frotter le mur, on applique le chiffon sur le glacis frais, rapidement et sans oublier de zones. Il faut le changer régulièrement.

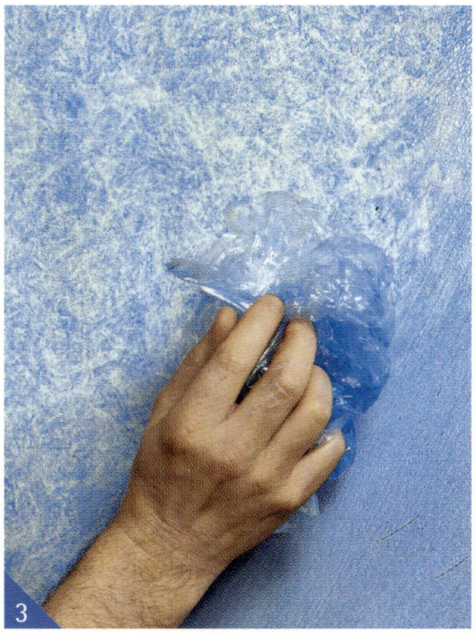

3

Avec un polyane roulé en boule, on tamponne le glacis pour obtenir un effet marbré accentué.

4

Lorsqu'il est tiré au spalter dans le sens vertical, le glacis s'imprime des traces laissées par les soies. C'est un effet lissé.

Reportage : © Photos Y. Robic.

L'effet lissé met en évidence les traces du pinceau avec lequel on dépose le glacis. L'emploi d'un spalter (pinceau plat) facilite la tâche ; le cordage qu'il laisse à son passage implique de travailler avec régularité, de haut en bas du mur, en bandes successives.

L'effet marbré s'obtient avec une feuille de polyane pliée et tendue entre les mains, que l'on applique en biais, de façon régulière pour retirer du glacis, ou qui peut se manipuler comme un tampon, si on la tient en boule dans le creux de la main.

La patine au chiffon à l'ancienne fait vivre le mur, par les nuances accentuées. © Photo Y. Robic.

La patine au chiffon

Le glacis confère à la couleur sa transparence et le chiffon imprime un effet parchemin. Au final, le mur s'offre charme et personnalité.

Le support doit être sec, propre et sain. En préparation du fond, appliquez une peinture glycérophtalique satinée blanche, en deux couches. L'effet de transparence est créé par le glacis à l'huile teinté, qui laisse entrevoir le fond neutre. L'effet peut ensuite être, soit adouci, si l'on procède par effacement de matière à l'aide du chiffon, soit, au contraire, accentué par ajout de glacis.

Le matériel

Munissez-vous d'une brosse de pouce en soies de porc, d'un spalter de 80 ou 100 mm de large à soies longues, de chiffons non pelucheux, et d'un rouleau à peinture.

Peinture glycérophtalique blanche, essence de térébenthine, huile de lin, siccatif et pigments servent à préparer le fond et le glacis.

1 Mélangez 3 volumes d'essence de térébenthine, 1 volume d'huile de lin et 3 à 5 % de siccatif. Ajoutez les pigments en poudre (ocre jaune et ocre rouge).

2 Utilisez la brosse de pouce, pour appliquer le glacis sur toute la surface du mur, sans uniformiser l'aspect, et en manipulant la brosse dans toutes les directions.

3 Le spalter permet de répartir uniformément le glacis. Manipulez-le d'abord en croisant les passes, et terminez en remontant du bas vers le haut.

4 Toujours avec le spalter, tamponnez le glacis, pour effacer les traces de cordage. Tapotez légèrement du bout des soies, en exerçant une pression constante.

5 Passez le chiffon enroulé sur lui-même, en le faisant onduler légèrement de haut en bas. Si l'effet ne vous satisfait pas, modifiez la manière d'utiliser le chiffon.

Reportage : © Photos Y. Robic.

Plus vrai que nature... Le décor en noyer habille la porte, pour l'intégrer dans un environnement raffiné. © Photo Y. Robic.

Le faux bois

Le noyer est un bois nuancé que vous pouvez reproduire par un jeu de pinceaux et de glacis.

Le décor est réalisé sur une porte isoplane ordinaire sans attrait décoratif. L'imitation du noyer est choisie pour la qualité et la finesse de son veinage. La technique du trompe-l'œil exige de la méthode, du temps et demande un bon tour de main. La première étape consiste à traiter le support avec un glacis à la bière afin de valoriser le grain du bois, perceptible sous le vernis de finition. Les effets et ronces caractéristiques du noyer prennent corps avec le glacis à l'huile et des couleurs en tube travaillées au pinceau.

Le matériel

Pour la première étape, outre la peinture de fond, réunissez les pigments en poudre (1 couleur) et la bière nécessaire à la préparation du glacis, du blanc de Meudon, un rouleau laqueur, une brosse de pouce, une queue à battre, du papier de verre fin, une longue règle métallique, un crayon noir HB, des chiffons non pelucheux, une bouteille en plastique.

Pour la seconde étape, prévoyez essence de térébenthine, huile de lin, siccatif, peintures à l'huile en tube (5 couleurs), pigments (3 couleurs), une brosse de pouce, du vernis glycérophtalique brillant, un spalter à dents (ou veinette), une palette.

1 Le glacis à la bière se prépare dans un fond de bouteille d'eau coupée. Mélangez un grand verre de bière et deux cuillères à café de pigments en poudre, terre de Cassel, ou terre d'ombre naturelle.

2 La porte, poncée et dépoussiérée, est peinte avec une peinture glycérophtalique ocre jaune, appliquée au rouleau laqueur. Après séchage, on la divise en trois parties de largeur inégale.

3 Pour favoriser l'accroche du glacis à la bière, la porte est tamponnée avec un chiffon saupoudré de blanc de Meudon à sec. Une étape importante, sans laquelle le résultat ne serait pas satisfaisant.

4 On applique le glacis avec une brosse de pouce, en formant des 8 horizontaux, du haut vers le bas, et de la gauche vers la droite. Dans la foulée, tirez le glacis de bas en haut, avec la même brosse.

5 Sans reprendre de glacis, et en utilisant un spalter, on lisse la surface, d'abord de gauche à droite, puis de bas en haut, sans appuyer, pour ne pas enlever de matière. La pression doit être régulière.

6 L'emploi d'une queue à battre, avec laquelle on tapote la surface de bas en haut, permet de créer le grain du bois que l'on cherche à imiter. Une opération à renouveler jusqu'au séchage du glacis.

7 Sur le glacis à la bière qui est sec, on applique, à la brosse de pouce, un glacis à l'huile teinté, avec une cuillère à café de pigments terre de Sienne naturelle, autant de terre d'ombre brûlée, et autant de terre d'ombre naturelle, puis on le lisse au spalter, de gauche à droite.

8 Sur une palette, on prépare des noisettes de peinture à l'huile en tube, en cinq coloris : terre de Sienne naturelle, terre d'ombre brûlée, terre d'ombre naturelle, bleu outremer et rouge carmin. C'est à partir de ces coloris qu'il faudra jouer, pour obtenir l'imitation du noyer.

9 Avec un spalter à dents (ou une veinette), la porte est peinte avec les couleurs mélangées de la palette, mais nuancées sur les trois parties, pour créer l'illusion de planches assemblées. Celle de droite est foncée, celle de gauche éclaircie d'un ton, celle du milieu est plus claire.

10 La ronce de noyer prend forme avec le spalter à dents, et un apport de glacis nuancé par les couleurs en tube. Le dessin démarre à gauche en montant, puis en descendant. En opérant ainsi, on donne de l'assise à la base de la ronce. Varier le dosage des couleurs, avec une pointe de bleu ou de rouge.

Un ordre bien établi

On commence par la « planche » droite en montant et en descendant progressivement (ronce montante), pour former le dessin petit à petit, vers le bord supérieur de la porte, puis on poursuit par celle de droite, en progressant dans le sens inverse (ronce descendante), puis on lisse au spalter du bout des soies. La planche centrale, plus claire, se travaille uniquement avec la teinte terre de Sienne, ou terre d'ombre. Après vingt heures de séchage, l'ensemble est protégé par un vernis glycérophtalique brillant, légèrement dilué à l'essence de térébenthine.

Le glacis bleu cobalt est appliqué irrégulièrement sur le mur avec une brosse de pouce. Il n'est pas tamponné, pour conserver un nuançage accentué qui évoque le tissu d'un rideau. Un effet en trompe-l'œil réussi.

© Photo A. Duarte

Patiner le bois

Omniprésent dans nos foyers, le bois se décline sous de multiples facettes. Le patiner devient nécessaire lorsqu'il côtoie des éléments anciens.

Le bois sait prendre de l'âge avec facilité. Le vieillir pour l'embellir, et lui donner du caractère, englobe une multitude de techniques qu'il n'est pas question ici de développer dans leur totalité. La simplicité fait des prouesses avec peu de matériel et des méthodes accessibles à tous, sans exiger des années d'expérience pour mener à terme un décor séduisant.

Neuves, les portes de placard prennent l'allure de persiennes anciennes, après avoir été peintes et patinées, avec de la cire en bâtons. © Photo Ph. Louzon.

Les deux coloris superposés, sous une finition cirée, ont la particularité d'offrir à ce fauteuil un caractère authentique. © Photo Y. Robic.

Jouer avec les couleurs

Le bois naturel séduit, et certains aimeront le conserver ainsi. Toutefois, sa mise en couleur l'égaye, et favorise son intégration dans un projet décoratif global. Qu'il s'agisse de poutres, de petits meubles, de planches qui habillent les murs ou de volets intérieurs, le bois prend vite de l'allure, dès que la couleur s'en mêle. Il dévoile un charme nouveau, et semble appartenir au décor qui l'accueille, depuis la nuit des temps. C'est un support complaisant pour accepter de multiples effets, sous la palette du doreur, les pinceaux de l'amateur, les crayons pastel d'un néophyte, le glacis d'un audacieux.

Traiter les poutres avec une peinture diluée, étalée à la brosse ou à l'éponge, et les nuancer ensuite avec des pastels gras, crée des effets originaux, un lait de chaux offre des coloris d'un velouté incomparable.

Les poutres s'égayent, après avoir été sablées et badigeonnées d'un jus clair.
© Photo A. Rivière.

Valoriser le mobilier

Chiné en brocante, ou acheté neuf à moindre coût, un petit meuble sera vite transformé par un vieillissement artificiel, en jouant sur deux coloris superposés travaillés par grattage, ponçage, glacis teinté. Et la dorure n'est pas en reste. La feuille de cuivre est bon marché, elle se patine avec facilité, ce qui atténue le clinquant, et permet d'offrir un style élégant à un meuble ordinaire en bois blanc. Fauteuils et commodes revivent sous des patines traditionnelles, que vous réaliserez sur un fond de peinture acrylique ou à la caséine, celle-ci offrant un support idéal, du fait de son opacité. Très peu de matériel suffit pour réussir, et les produits prêts à l'emploi sont au point, pour vous éviter d'entreprendre des mélanges hasardeux.

Les trouvailles, les menuiseries neuves, les éléments de charpente remplacés... Tous les bois peuvent être transformés, par des méthodes très simples et ludiques. Alors, amusez-vous.

Une simple peinture diluée, appliquée sur des planches brutes, plonge la salle de bains dans une ambiance marine.
© Architecte P. Vacheron. Photo Ph. Louzon.

Bleu clair et blanc s'associent sur des planches de largeurs variées, pour offrir à cette tête de lit une douceur romantique.
© Photo C. Rouffio.

Le bois brut

La peinture gris bleuté est étalée en deux couches, la seconde étant essuyée au chiffon pour moduler la teinte. Un décor chaleureux, rehaussé d'une frise au pochoir. © Photo Y. Robic.

Les planches en bois brut permettent de créer des décors pleins de charme, à tout petit prix. Il suffit d'une légère coloration pour les mettre en valeur.

Les voliges sont des planches non rabotées, réservées habituellement à la réalisation des platelages (sous toitures). Qu'elles soient en sapin ou en peuplier, on les trouve très facilement chez les marchands de matériaux de construction, pour un prix modique. Les détourner de leur fonction, afin de les placer en habillage de murs intérieurs est une formule particulièrement économique, au profit d'un décor chaleureux. Vous pouvez les fixer par clouage, sur des tasseaux vissés dans les murs, soit en les serrant les unes contre les autres, soit en ménageant entre elles un léger espace plus ou moins régulier. Certaines seront éventuellement recoupées en largeur, pour rythmer l'habillage, un choix esthétique à l'appréciation de chacun.

La mise en couleur

Optez pour la facilité, la mise en œuvre rapide, et l'audace des couleurs. Une simple peinture acrylique mate diluée, étalée à coups de pinceau, suffit à déposer un jus colorant, à travers lequel le veinage du bois reste apparent. En une couche, le décor est planté… Reste à bien doser la dilution. Pour obtenir une peinture non couvrante, quelques essais préalables sur des chutes évitent les déconvenues. À partir de ce principe, vous pouvez réaliser un fond uni, ou oser différentes tonalités d'un même coloris, en ajoutant, à la peinture de base, du colorant en tube. L'alternance ainsi obtenue crée un rythme au profit d'un décor vivant.

Une protection de surface

Dans une pièce à vivre (chambre, séjour, salle à manger), aucune protection de surface n'est légitime. En revanche, sur les murs d'une salle de bains, d'une cuisine, ou d'une pièce de passage, protégez la peinture par un vernis acrylique mat qui empêchera toutes projections d'eau ou de graisse de laisser des traces.

Du jaune égaye cette salle de bains sans ouverture sur l'extérieur. La peinture est protégée par un vernis acrylique mat. © Architecte J. Lallemand. Photo Ph. Louzon.

Une lasure blanche opaque, colorée de pigments outremer, plus un mélange de colle blanche diluée additionnée de pigments bleus, plus une couche de lasure blanche opaque brossée avant séchage. © Photo Ph. Louzon.

Vieillir des persiennes

Une patine d'un autre temps se révèle sur les portes neuves et persiennées d'un placard. Un vieillissement mené en douceur et avec doigté.

La couche de fond est une peinture acrylique appliquée en deux couches sur le bois préalablement poncé. L'utilisation exclusive d'un pinceau, manipulé dans le sens des fibres du bois, aussi bien sur les lamelles que sur les panneaux, est un choix pour former un cordage nécessaire à l'accroche des cires servant à créer la patine. Après séchage, un vieillissement mécanique est réalisé par la technique de « retrait », en opposition à celle de « l'ajout ». Pour respecter l'illusion d'une usure naturelle, on retire partiellement de la peinture sur les parties saillantes, naturellement les plus exposées, avec un grattoir bien affûté. La patine est donnée par des dépôts de cire en bâton (5 coloris), estompés ensuite avec une laine d'acier. Un lustrage final au chiffon doux fait valoir l'alternance entre parties brillantes et mates, selon qu'elles ont ou non bénéficié de cire.

Le vieillissement artificiel de ces persiennes s'accorde avec les matériaux authentiquement anciens, utilisés dans l'aménagement de ce corridor.

© Persiennes Atelier Richard Boyer, patine Jolyt et Ribatet. Photo Ph. Louzon.

Une peinture d'aspect mat se prête mieux au travail de la patine qu'une peinture satinée ou brillante. Elle s'applique au pinceau.

La peinture est éliminée localement avec un grattoir. Il convient de garder la main leste, et l'œil rivé sur l'effet global, qui doit rester harmonieux.

Le nuançage de la patine s'effectue en frottant le support avec les bâtons de cire, dans le sens des fibres. On alterne les couleurs, ou on les superpose.

L'effet de vieillissement est accentué par la laine d'acier. Le tampon est activé dans le sens des fibres, sans appuyer. Le passage d'un chiffon atténue l'effet.

Les bâtons de cire à reboucher, choisis en 5 coloris, laissent un dépôt léger et coloré qui sera valorisé par le lustrage final. Ils sont très simples à utiliser.

Reportage : © Photos Y. Robic.

Égayer des poutres

Une poutraison apparente peut perdre son écrasante présence, lorsque la hauteur sous plafond est insuffisante. Vous gagnerez en volume et en clarté par le biais d'une patine qui l'intègre au décor.

Il est parfois impossible de « récupérer » des poutres noircies de fumées, ou maculées de produits de traitement imprégnés dans le bois. Sablage, décapage... Rien n'y fait pour que le bois retrouve un aspect naturel et clair, qui ne pèse pas sur l'ambiance. Inutile de vous acharner, la couleur est un remède, et la patine sait en vieillir l'aspect, sans tomber dans la rusticité.

Une coloration bleu pétrole intègre la poutraison dans le décor de cette pièce. La peinture, peu diluée, est appliquée sur un premier fond rouge, perceptible par endroits, puis satinée par une cire incolore.

© Photo Y. Robic.

Choisir une couleur

L'excentricité n'est pas de mise, le but à atteindre étant d'intégrer la poutraison au décor ambiant, ou de la confondre. Vous pouvez vous contenter d'un « jus », simple peinture diluée, appliquée sur un primaire neutre qui sert à stabiliser le fond. Cette couche d'impression s'avère essentielle sur des poutres traitées ou fortement noircies. Elle doit être adaptée à la situation, pour accrocher et couvrir le fond, sans risquer de laisser l'ancienne finition (ou le noir de fumée) reprendre le dessus... La peinture de recouvrement, de préférence une acrylique mate, est à diluer dans tous les cas, pour offrir une certaine transparence, créatrice d'effet. Vous pouvez l'appliquer à l'éponge ou à la brosse, sans chercher à couvrir le fond préalablement éclairci.

La couleur à choisir doit rappeler celle utilisée par ailleurs dans la pièce, sur les fenêtres, les portes, le revêtement de sol, les tissus...

La céruse a été choisie en gris clair, pour colorer la poutraison avec légèreté, en rappel du sol et des fenêtres. De cette harmonie, il se dégage une douce ambiance.

© Photo C. Rouffio.

Dans ce comble, la nécessité d'éclaircir les poutres s'imposait. Elles sont peintes en gris, avec une éponge, puis la couleur est travaillée avec des crayons de pastel gras bleu, camel et blanc.

Créer une patine

Sur un bois clair, le recours à la céruse prête à l'emploi (différentes marques sont commercialisées dans les réseaux de grande distribution) est une solution rapide et facile à mettre en œuvre. Mais la patine peut prendre un caractère particulier, en jouant sur la superposition de deux coloris, le second étant essuyé dans le frais, de manière irrégulière, pour valoriser le fond.

Autre subtilité, une couche de fond uniforme travaillée après séchage avec des bâtons de cire ou de pastel est un bon moyen de créer la surprise. La patine sera ensuite valorisée par un « estompage », au moyen d'une laine d'acier.

Les colombages de ces murs en pisé sont badigeonnés de chaux teintée. Des reprises locales, avec une résine additionnée de pigments, enrichissent la patine.

Une copie d'ancien remise au goût du jour par une patine adoucie et un tissu actuel.

Patiner un fauteuil

Ce fauteuil avait perdu son attrait sous de multiples couches de cire qui encrassaient le bois. Le voici réhabilité par une patine à l'huile et un tissu contemporain.

Décrassage, ponçage, et menues réparations menés à terme, préparent le bois à recevoir une couche de peinture de fond à la caséine, suivie d'une finition classique par un glacis à l'huile, rehaussée d'une cire teintée.

La peinture à la caséine est un fond idéal pour recevoir un glacis car, outre son opacité, elle en favorise l'accroche. Le bois propre en reçoit deux couches. Le glacis à l'huile est composé de 1/3 d'huile de lin, 2/3 d'essence de térébenthine et d'une demi-cuillère à café de siccatif (le tout remplit les trois quarts d'un verre à moutarde).

En marge, préparez une noix de peinture à l'huile en tube, coloris terre d'ombre (ou une autre teinte choisie dans la gamme des ocres).

On commence par étendre le glacis au pinceau, et, toujours avec celui-ci, on « pioche » une très faible quantité de peinture, que l'on étale aussitôt sur le glacis frais. Après séchage, la cire teintée (chêne clair) est appliquée sur le bois, puis l'ensemble est lustré au chiffon.

La peinture à la caséine (protéine de lait) a un pouvoir opacifiant exceptionnel, et offre un aspect velouté. Elle s'achète prête à l'emploi et s'applique au pinceau.

Entre les deux couches, et après la seconde, il convient de poncer la peinture dans le sens des fibres pour lisser le support et supprimer les traces de pinceau.

Le glacis s'étale avec un pinceau fin, puis on enrichit l'effet par des touches de peinture en tube. Un essuyage ponctuel et irrégulier atténue les excès.

Il faut attendre au moins vingt-quatre heures pour achever le travail, en appliquant une cire teintée, et la lustrer après séchage.

Reportage : © Photos Y. Robic.

Le matériel

La peinture à la caséine s'achète en pot chez les fournisseurs de matériel pour beaux-arts. Profitez de cette démarche pour vous procurer un pinceau fin, plus facile à manier qu'une brosse pour peinture de bâtiment, et la couleur en tube. Réunissez papier de verre fin, essence de térébenthine, huile de lin, siccatif, chiffon et cire teintée, éventuellement du ruban de masquage, si vous craignez les dérapages.

Jouer sur deux tons

Pour simuler l'usure du temps, la peinture poncée repose sur la superposition de deux couches de tonalités différentes. Celle du dessus s'élimine, et valorise celle du dessous.

La technique s'applique sur bois neuf ou ancien, quelle qu'en soit l'essence. Le meuble sera décapé, rincé et poncé s'il est originellement verni ou peint ; le bois doit être mis à nu pour que le décor y tienne durablement.

Une première couche de peinture acrylique satinée (coloris rouge corail) est étalée, régulièrement, sur le meuble. Après séchage, on applique sur les parties les plus exposées un mélange de copeaux de cire d'abeille diluée au white spirit. Une douzaine d'heures plus tard, la couche de peinture, d'un autre coloris (vert Provence), est passée au pinceau sur l'ensemble du meuble. On attend le séchage pour décoller, avec une spatule et sous un souffle d'air chaud, la peinture qui n'adhère pas sur les parties cirées.

En finition, le meuble est traité avec un glacis à l'huile teinté de pigments terre d'ombre naturelle, réparti avec une laine d'acier en créant des ombres dans le creux des reliefs. En l'état, le meuble vieillira naturellement dans le temps.

On élimine la finition cirée avec un produit décireur, en frottant le meuble au moyen d'une laine d'acier. On essuie au fur et à mesure, au moyen d'un chiffon.

Dans un récipient, versez les copeaux de cire vierge, et ajoutez un verre de white spirit. Faites fondre au bain-marie, sur une source de chaleur autre qu'un foyer gaz.

La couche de fond est étalée régulièrement au pinceau en une ou deux fois, selon son pouvoir couvrant. Les tiroirs sont préalablement déposés.

La cire doit être bien sèche, pour pouvoir entreprendre la couche de finition d'une autre couleur et de qualité acrylique, comme la peinture de fond.

Cette commode neuve en bois verni a pris de l'âge en deux jours, par la technique de la peinture poncée.

© Photo Y. Robic.

En refroidissant, la cire devient pâteuse. Appliquez-la alors avec un pinceau, sur les parties du meuble où l'usure doit paraître naturelle (arêtes, tiroirs, poignées).

Après séchage, un flux d'air chaud est dirigé sur les parties où la cire a été passée, pour décrocher la peinture, et l'éliminer à l'aide d'une spatule de peintre.

On ponce l'ensemble du meuble avec du papier de verre et de la laine d'acier fine, en insistant davantage sur les zones dépourvues de peinture de finition.

Des retouches peuvent corriger un excès de ponçage. Déposez très peu de peinture, pour que ces retouches ne tranchent pas sur le support poncé.

Le glacis s'étale avec un spalter ou une brosse de pouce, selon les endroits. On le répartit ensuite au moyen d'une laine d'acier fine, en gardant la main légère.

L'application d'un vernis mat incolore ternit légèrement le meuble, ce qui ajoute à l'authenticité du vieillissement. Il le protège contre les projections multiples.

Deviner le fond

La peinture à la caséine remplace l'acrylique, et le savon se substitue à la cire. Une méthode plus ancienne, garante de succès.

1 La peinture de fond à la caséine pénètre dans le bois, contrairement à une peinture acrylique, qui reste en surface. Elle est recouverte par endroits de savon neutre.

2 La couche de finition, toujours à la caséine, est étalée au pinceau sans surépaisseur. Mais on veillera à bien couvrir la couche de fond, et le savon.

La couche de fond apparaît discrètement sous la patine de surface, offrant à ce fauteuil un caractère véritablement authentique. © Photo Y. Robic.

3 Après une demi-journée de séchage, le bois est poncé partiellement au moyen d'un papier de verre n°0, ou d'un Scotch Brite doux, pour faire apparaître le fond.

4 On finit par l'application régulière d'une cire en pâte légèrement teintée, déposée avec un tampon de laine d'acier fine, pour nuancer la couleur, et par un lustrage.

Reportage : © Photos Y. Robic.

La patine épicée inscrit le mobilier avec élégance, dans cette cuisine faite à l'ancienne. © Photo Y. Robic.

Impression d'autrefois

Ce mobilier de cuisine s'est enrichi d'une patine qui masque un bois blanc très ordinaire.

C'est à un produit prêt à l'emploi que des meubles neufs doivent leur habillage rétro. Couvrant environ 8 m², la « Patine de Finition Murs d'Autrefois » (*Les Murs Se Créent*) est proposée en divers coloris. Le kit intègre une base décorative, un pot de patine teintée de pigments naturels, et un pinceau. En superposant la patine teintée sur la base blanche, la couleur s'affiche en transparence, plus ou moins intensément, selon l'outil d'application (brosse, éponge ou chiffon). À l'inverse, en appliquant d'abord la patine colorée, puis la base blanche, on obtient un effet « lavé » plus ou moins prononcé. C'est l'option choisie pour traiter le mobilier de cette cuisine. Dans les deux cas, c'est en enlevant de la matière que l'on découvre la couche de fond. Le coloris mis en œuvre est « Terre de Provence ».

Outre le kit, l'outillage utile est restreint : papier de verre grain n° 120, et pinceau plat. Éponge abrasive, brosse ou chiffon sont les accessoires nécessaires à l'effet souhaité. Le kit, d'une grande facilité d'utilisation, convient aussi aux moulures, portes, huisseries, fenêtres, plinthes.

1 Pour que le produit accroche et tienne durablement, le bois neuf doit être soigneusement poncé avec du papier de verre de grain n°120, toujours dans le sens des fibres, pour éviter les rayures.

2 La patine fournie dans le kit est prête à l'emploi. On la passe simplement avec un pinceau plat, en la tirant, pour créer des traces de cordage. Commencez par l'encadrement, finissez par le panneau.

3 Après séchage, on étale la base blanche au pinceau, en procédant dans le même ordre. Comme elle est plus épaisse que la patine de fond, les traces de pinceau s'y impriment intensément.

4 La surface doit être fraîche, pour procéder à l'essuyage avec l'instrument choisi (ici, une éponge abrasive de type Scotch Brite). Cette opération retire de la matière en surface, et dévoile la couleur de fond.

5 Laissez sécher complètement avant d'entreprendre un ponçage léger qui crée un effet d'usure. Gardez la main leste, pour obtenir une certaine régularité.

6 Le vieillissement prématuré trouve son apogée avec une finition à la cire teintée en gris. Une seule couche suffit, étalée au pinceau en finesse, sans oublier de zones.

Fausse dorure, vraie patine

La dorure à la feuille de cuivre habille « d'or » le guéridon de style. La patine en atténue le clinquant, le vernis protège le métal contre l'oxydation.

La préparation du fond est primordiale. Après ponçage, le bois reçoit une couche d'impression, puis deux couches d'une peinture glycérophtalique satinée. La moindre aspérité est gommée par un ponçage soigné, à l'aide d'un abrasif à l'eau extra-fin (grain n° 800). Essuyé à l'éponge et séché au chiffon, le meuble est enduit, par endroits, de mixtion à dorer à l'huile, une colle spéciale pour faire adhérer les feuilles de cuivre. Le temps d'attente, pour procéder à la dorure, est de 3 heures ou de 12 heures, selon le produit, qui est prêt dès qu'il n'adhère plus au doigt.

Du cuivre en finesse

Les feuilles de cuivre se saisissent une à une dans un carnet au moyen d'une palette à dorer (pinceau plat très peu fourni, en poils de martre), dont on aura d'abord passé le bout des poils sur un corps gras (un pain de végétaline). Transportée délicatement sur le support, la feuille y est plaquée à l'aide d'un pinceau de maquillage. Les plis n'ont pas d'importance, les petits manques se comblent avec des rustines. Une fois le meuble revêtu de dorure, celle-ci est frottée délicatement au moyen du pinceau de maquillage, qui détache toutes les parcelles non adhérentes (excès et recouvrement des parties dépourvues de mixtion). Un polissage au coton hydrophile supprime plis, bulles, et autres irrégularités.

La protection de surface

Lorsque la dorure est achevée, il reste à appliquer le glacis à l'huile, légèrement teinté de peinture terre d'ombre, en une seule couche, par passes croisées. Après une vingtaine de minutes de séchage, le glacis est poché avec une brosse à pocher qui efface les traces du pinceau. Le décor est protégé par un vernis glycérophtalique ou polyuréthane satiné, mis en œuvre douze heures au moins après la pose du glacis.

La dorure à la feuille de cuivre et la finition qui la protège confèrent à ce petit meuble un semblant de préciosité. © Photo A. Duarte.

1

La mixtion à l'huile est particulière à la dorure au cuivre. Appliquée ponctuellement au pinceau, elle fait office de colle. Anticiper visuellement le résultat final est nécessaire, pour en déposer de manière cohérente.

2

Prélevée avec la palette, la feuille de cuivre se plaque sur le support au moyen du pinceau à maquiller. Des gestes lents s'imposent, en retenant son souffle, compte tenu de la légèreté de la feuille, et de sa fragilité.

3

Le pinceau à maquiller, particulièrement doux, élimine, sous son passage, les parcelles de cuivre non adhérentes. Les débords, le cuivre posé sur les parties du meuble sans mixtion, tout excès disparaît, faisant place nette.

4

Le polissage au coton s'effectue par petits mouvements circulaires. La boule de coton doit être souvent remplacée, car elle se charge de dépôts pouvant provoquer des rayures impossibles à éliminer par la suite.

5

Le glacis traditionnel (2/3 d'essence de térébenthine, 1/3 d'huile de lin, un peu de siccatif) peut être très légèrement teinté pour atténuer l'éclat du cuivre. Une noisette de peinture en tube (terre d'ombre ou autre) suffit.

6

Le pochage efface les traces de cordage (empreinte du pinceau ayant servi à appliquer le glacis). Avant d'entreprendre le glacis, laissez-le sécher une vingtaine de minutes, sous peine d'en retirer. Tamponnez sans frotter.

Reportage : © Réalisation O. Bouxirot. Photos A. Duarte.

Les effets peinture

Ils nuancent la couleur, jouent sur les contrastes, parfois sur la matière. Les effets peinture font vibrer les murs.

La subtilité des effets peinture passe par un choix judicieux des produits, de leur préparation, du geste de l'applicateur et de l'outil qu'il utilise. À partir de peintures classiques prêtes à l'emploi, de peintures spécialement élaborées pour créer naturellement des effets, ou de chaux, les résultats diffèrent et séduisent à leur manière.

Légèrement diluée, la peinture acrylique jaune est tamponnée sur le mur avec une éponge. © Réalisation Ionna Troianos. Photo F.-L. Ducout.

Les atouts de la chaux

Utilisée depuis la nuit des temps, la chaux est un liant minéral qui fait des miracles. D'un velouté sans égal, qu'aucun produit artificiel ne saurait reproduire, elle crée des décors merveilleux à partir d'un lait ou d'un badigeon. Le lait de chaux teinté vous séduira pour ses couleurs « aquarellées » transparentes. Sa préparation est très économique et vite faite, mais vous devrez respecter les dosages et l'ordre du mélange. Plus épais, le badigeon intègre les mêmes composants qui, dosés différemment, offrent un effet matière plus soutenu. Reste la peinture prête à l'emploi, qui ne demande aucune manipulation.

Travailler à l'acrylique

Les peintures acryliques industrielles sont de nos jours couvrantes, faciles d'emploi, sans odeur et rapides à sécher. En deux temps trois mouvements, la pièce renaît sous une couleur séduisante et bien uniforme. Mais le résultat convoité n'est pas celui-là, car nous partons à la recherche d'effets. Une dilution correctement dosée, une éponge, une brosse, un chiffon... apportent un

La chaux révèle son aspect mat et soyeux sur ce mur badigeonné en deux tons séparés par un liseré. © Réalisation H. Cluson. Photo M. Boyer.

Le badigeon acrylique assez dilué étalé au spalter en variant le sens des gestes révèle sous sa transparence la couche de fond blanche qui le met en lumière.

mouvement, des nuances, des transparences qui font vibrer les murs et chanter les couleurs. Une part de vernis ralentit le séchage, c'est une astuce à ne pas négliger pour pouvoir travailler en prenant son temps.

Les peintures décoratives

Elles révèlent des effets spectaculaires. Avec ces peintures prêtes à l'emploi, faciles à travailler, vous réaliserez des décors riches en nuances, sous des aspects sableux, minéraux, soyeux. Succès garanti, mais le prix au mètre carré est naturellement plus élevé que celui d'une préparation à la chaux ou d'un badigeon acrylique.

Un « système » décoratif en deux temps. La couche de fond s'applique au rouleau et se travaille avec une mini-lisseuse, elle est recouverte d'un glacis tiré au spalter. « Palmyre » Guittet.

Les décors à la chaux

Le dosage précis des composants qui entrent dans les préparations à la chaux engendre l'aspect, la durabilité du décor et sa qualité.

Les recettes cachées font régner le mystère et laissent supposer que les laits et les badigeons à la chaux relèvent d'une alchimie confidentielle. Il n'en est rien, si le dosage des ingrédients est précis. Les préparations à la chaux intègrent de la chaux aérienne éteinte pour bâtiment (CL 90) en poudre, ou en pâte à délayer jusqu'à obtenir une consistance permettant l'application à la brosse. L'eau donne la plasticité et sert de catalyseur, les pigments en poudre d'origine naturelle apportent la coloration, l'agent mouillant diffuse les colorants. Dans certains cas, il faut ajouter un fixateur (au choix : caséine, sel d'alun, liant acrylique).

Additionné d'huile de lin, le badigeon imperméabilisé est réalisé en deux couches croisées avec une brosse large. © Photo Ph. Louzon.

De teinte pastel, les badigeons se succèdent de pièce en pièce. Ils sont appliqués en plusieurs passes. © Réalisation Soral. Photo Y. Robic.

Doser les mélanges

Pour un badigeon, on compte 1 volume de chaux pour 2 à 4 volumes d'eau. Pour un lait, 1 volume de chaux pour 8 à 10 volumes d'eau. Le poids de pigments ne doit pas dépasser 20 % du poids de la chaux et celui du fixateur 5 %. Pour l'agent mouillant 1 à 2 cuillères suffisent.

Conseils de mise en œuvre

Utilisez des brosses en soie naturelle pour appliquer lait ou badigeon en couches croisées, travaillez à température ambiante entre 10 et 18 °C. Pour imperméabiliser le badigeon, vous pouvez ajouter de l'huile de lin au mélange ou le cirer après séchage mais, dans ce cas, vous risquez de perdre l'intensité de l'aspect velouté.

Les trois tonalités de badigeon à la chaux s'associent dans une même pièce avec facilité, car les coloris ne sont jamais agressifs.
© Réalisation Les Ateliers de Vérone. Photo A. Duarte.

Coloré avec des pigments outremer, le badigeon couvre les murs de cette salle de bains avec une douceur toute particulière. © Réalisation Les Ateliers de Vérone. Photo A. Duarte.

Le badigeon à la chaux

La consistance du badigeon peut varier selon la dilution. Il s'applique toujours au minimum en deux couches à vingt-quatre heures d'intervalle entre chacune, quel que soit le support.

Sachez qu'un badigeon perd de 50 à 60 % de sa couleur après séchage. Aussi est-il conseillé d'évaluer la teinte finale avant de commencer l'application. Elle sera toujours claire, voire pastel, et l'adjonction de pigments ne change rien. Avec 20 % du poids de la chaux, la couleur est saturée. Vous avez deux possibilités pour évaluer la coloration. Dans une chaux en poudre, mélangez les pigments à sec, vous obtiendrez la couleur réelle. Avec une chaux en pâte diluée et additionnée de pigments, faites un essai *in situ* et accélérez le séchage avec un séchoir à cheveux. La différence de teinte entre le badigeon mouillé et sec est très importante.

La préparation du fond

Un fond poreux dit « ouvert » (enduit à base de chaux, pierre ou brique) peut recevoir directement un badigeon en deux couches au minimum, composé d'eau, de chaux aérienne éteinte (CL 90) et de pigments. Humidifier le support entre les couches est nécessaire. Sur les fonds non poreux dits « fermés » (plaques de plâtre ou ancienne peinture) vous pouvez choisir entre deux méthodes.

Soit vous uniformisez le fond par une ou deux couches de peinture acrylique (une ancienne peinture glycérophtalique doit être préalablement dégraissée à la lessive Saint Marc). Puis vous appliquez le badigeon composé de chaux, de pigments et de liant Caparol à raison de 3 à 5 % du poids de la chaux.

Soit vous traitez le fond avec une sous-couche contenant de la silice (Les Trois Matons) et vous appliquez le badigeon sans liant.

Sur du plâtre, une impression à la chaux (Imprim Chaux, La Pierre Fertile) convient avant d'appliquer le badigeon sans liant.

© Réalisation Les Ateliers de Vérone. Photo A. Duarte.

1 Le matériel nécessaire comprend les naturels (ocres, terres, ou oxydes naturelles), la caséine (ou autre fixateur), la chaux en poudre ou en pâte, le malaxeur, le séchoir à cheveux, l'agent mouillant, la brosse à badigeon.

© Photo Ph. Y. Robic. Réalisation Félicien Carli. Association Terres et Couleurs.

2 Le fond, uniformisé avec une peinture acrylique étalée en une ou deux couches, reçoit une couche de badigeon blanc. Cette étape est facultative, mais elle permet de renforcer l'effet matière en opacifiant le mur.

© Photo Ph. Y. Robic. Réalisation Félicien Carli. Association Terres et Couleurs.

3 La première couche de badigeon coloré s'applique en passes croisées. Pour les suivantes, on procède de haut en bas, en passes droites. Il convient de mélanger souvent la préparation pour conserver l'homogénéité du coloris.

Des recours possibles

Un surdosage de pigments engendre du farinage, qui se traduit par un dépôt sur la peau ou sur les vêtements au contact du badigeon sec. Vous pouvez y remédier en appliquant sur toute la surface une résine (Caparol) diluée à raison de 1 volume pour 10 volumes d'eau. Si vous craignez de vous tromper dans les dosages, utilisez de la chaux adjuventée en pâte prête à l'emploi. (Les Ateliers de Vérone, La Pierre Fertile...)

La préparation du badigeon

Dans un récipient, diluez les pigments dans un peu d'eau additionnée d'agent mouillant. Versez le mélange dans un autre récipient contenant l'eau et la chaux. Malaxez au malaxeur électrique jusqu'à obtenir une pâte homogène. En rendement, comptez 1 litre pour 5 à 7 m^2 sur support ouvert et 1 litre pour 10 à 12 m^2 de support fermé.

Sur les murs de ce couloir, le badigeon vert s'harmonise avec les coloris plus vifs déclinés sur le plafond et le mur du fond d'un bleu intense.

© Photo Y. Robic. Réalisation Félicien Carli. Association Terres et Couleurs.

Les peintures

Prêtes à l'emploi, les peintures à la chaux présentent bien des avantages. Notamment le gain de temps, mais aussi le choix d'un coloris en effet réel sur échantillon.

Les peintures se présentent sous la forme d'une pâte plus ou moins fluide dont on peut modifier la consistance en ajoutant de l'eau, selon l'effet recherché. Leur particularité est la matité de leur aspect, caractéristique de la chaux, et les coloris chaleureux, du fait des pigments naturels qui entrent dans leur composition. Une fois sèches, les peintures ne farinent pas, car le dosage des composants est alors parfaitement équilibré.

Sur un mur uni, de coloris « Vancouver », se détache un fond galbé souligné par une frise de coloris « Helsinki ». Une sous-couche spécifique à la marque est recommandée. Les Chaux d'Antan.

© Doc Blancolor.

Une application aisée

Les peintures à la chaux s'appliquent directement sur un fond minéral sain, sur une ancienne peinture à l'eau ou sur la sous-couche préconisée par le fabricant. Cela dépend des adjuvants qui entrent dans leur composition. Ces indications sont mentionnées sur les pots, suivez-les à la lettre pour éviter les déconvenues. Respectez également les recommandations concernant les outils, brosse à badigeon classique ou autre type de brosse.

Une couleur flamboyante pour les murs d'une entrée faiblement éclairée. Elle fait partie de la gamme « Vixalit » de Viero Lafarge.

© Réalisation H. Delaby. Photo Ph. Louzon.

Protégez-vous

Comme pour tous les produits de décoration à base de chaux éteinte, la peinture prête à l'emploi nécessite de se protéger les mains en cours d'application et de travailler dans un local aéré.

Le jaune intense illumine la chambre dont la poutraison apparente est soulignée de gris. Peintures « Vixalit » de Viero Lafarge. Le sous-plafond bénéficie d'un badigeon acrylique blanc qui laisse le veinage du bois apparent.

Le badigeon acrylique

Les effets que vous pouvez obtenir avec les badigeons acryliques sont infiniment variés, car ils sont conditionnés par votre geste et par l'outil choisi. Faciles à tout point de vue !

La peinture acrylique est la base de leur formulation. Elle s'utilise simplement diluée avec de l'eau, dans des proportions qui peuvent varier de 30 % à 50 % selon la transparence que vous cherchez.

Plus la dilution augmente, et plus la transparence laisse apparaître la teinte de fond. C'est ce jeu de contrastes qu'il vous appartient de mettre au point. D'où la nécessité d'effectuer des essais soit sur des fonds colorés, soit sur un fond blanc. Les deux couleurs associées (couche de fond uniforme non diluée et badigeon de surface) devront de préférence appartenir à une même gamme, pour que l'effet soit adouci et non criard.

Effets de transparence et de matière cumulés avec ce badigeon enrichi d'enduit sur un fond blanc. Fond « Satin Lumière, Blanc de Blanc ». Badigeon « Satin Lumière, Bleu Marmara ». © Photo M. Langot. Doc Dulux Valentine.

Retarder le séchage

Il vous est possible d'ajouter des produits dans le badigeon pour en faciliter l'application. Le badigeon acrylique a l'avantage de sécher très vite, ce qui permet de réutiliser la pièce dès le lendemain de la mise en œuvre. Revers de la médaille, la rapidité du séchage impose de travailler rapidement, sans hésitation, et avec l'impossibilité d'effectuer des reprises sur les parties sèches, qui laisseraient des traces peu gracieuses, que vous regretteriez. En ajoutant un vernis mural acrylique au badigeon, le séchage est retardé, ce qui vous permet de travailler à votre rythme. En proportion, comptez 30 % de peinture, 40 % d'eau et 30 % de vernis. Au choix, utilisez une éponge ou un spalter.

Pour réussir un effet épongé, utilisez exclusivement une éponge naturelle, avec laquelle vous tamponnez le support jusqu'à couvrir plus ou moins la couche de fond. © Photo Y. Robic.

En bas du mur, le badigeon à base de peinture « Satin Lumière, Bleu Pervenche » sur fond blanc est appliqué à l'éponge. Le haut est réalisé avec « Satin Lumière, Chèvrefeuille » sur un fond « Satin Lumière, Vanille » avec une brosse à patine. © Photo M. Langot. Doc Dulux Valentine.

Donner un effet matière

Éponge ou spalter ne laissent pas trace de leur passage sur le mur. Si vous souhaitez obtenir un effet matière, qui s'ajoute à l'effet de transparence, il vous suffit d'ajouter de l'enduit en poudre à la peinture pour l'épaissir, ou plus précisément pour la structurer. Respectez les proportions suivantes : 60 % de peinture, 35 % d'eau et 5 % d'enduit.

Commencez par mélanger eau et enduit avant de verser la peinture dans le récipient. Utilisez ensuite une brosse longue, en poils de sanglier, et veillez à bien croiser les coups de brosse de manière aléatoire.

Sur fond blanc, une peinture acrylique rose mate diluée est étalée à grands coups de spalter. Elle réfléchit la lumière. © Photo C. Erwin.

1999

La patine à la bière

Fluide et délicate, la patine à la bière joue sur l'effet de transparence et donne des résultats spectaculaires. C'est une recette très ancienne et toujours d'actualité.

Les produits qui entrent dans la préparation d'une patine à la bière peuvent vous surprendre au premier abord. Entre recette de cuisine et recette d'atelier, sachez que c'est une pratique très ancienne et cohérente, mise en œuvre par de nombreux peintres décorateurs.

Là encore, le dosage des ingrédients doit être rigoureusement exact, pour éviter les méfaits tels que le farinage, une mauvaise accroche, un vieillissement peu valorisant.

L'application est délicate, car il faut travailler vite et d'un geste franc, pour éviter les reprises, qui laissent des traces. Entraînez-vous d'abord sur des panneaux, pour acquérir la maîtrise du geste et comprendre à quel rythme vous devez évoluer avant d'entreprendre votre décor grandeur nature.

Une recette appétissante et sans odeur forte. La patine à la bière offre des résultats magnifiques, tout en délicatesse.

© Photo Y. Robic. Réalisation Pablo Vitart et Félicien Carli. Association Terres et Couleurs.

1 Pour effectuer les mélanges, prévoyez des récipients creux qui permettent de manier le fouet sans causer de débordements. Installez-vous de manière à disposer du matériel sans perdre de temps.

2 Dégraissez le support avec une décoction de bois de Panama (150 grammes dans 1 litre d'eau tiède pendant 30 minutes). Passez-la sur le mur avec une éponge pour le dégraisser.

3 Dans 1 litre de bière, versez les pigments et battez au fouet pour supprimer les grumeaux. Laissez reposer pendant une heure et passez au tamis, la mousse aura disparu après ce délai.

4 Appliquez la patine, de haut en bas du mur, en passes verticales, sans revenir sur la passe précédente, pour éviter les traces de reprises. Travaillez vite et le plus régulièrement possible.

Matériel pour 10 m²

Réunissez 100 grammes de copeaux de bois de Panama (en pharmacie ou chez un herboriste), 1 litre d'eau tiède, 1 litre de bière blonde, des pigments en poudre de couleur Ocre Jaune d'Italie ou Ocre Citron (maximum 150 grammes), 1 éponge naturelle, 1 brosse queue de morue, 1 fouet de cuisine, 1 tamis.

5 Après 5 bandes, revenez sur la surface traitée pour tirer la patine du bout des soies, pinceau essoré, sans appuyer.

Reportage : © Photos Y. Robic.

La peinture à la pomme de terre

En passant deux couches, vous obtiendrez un effet matière original qu'aucune peinture industrielle ne saurait égaler. Tenue durable garantie !

« Belle, bonne, solide, durable, j'allais dire inaltérable si je n'eusse craint de désoler les peintres ; susceptible de s'employer à l'intérieur aussi bien qu'à l'extérieur : une telle peinture est vraiment un miracle de l'art... »

Parole de son inventeur,
Cadet de Vaux au début du XIXe siècle.

Les ingrédients qui entrent dans la composition d'une peinture à la pomme de terre sont courants, peu onéreux, et facilement accessibles dans les circuits traditionnels du commerce.

Les supports doivent offrir un minimum de porosité afin de permettre à la peinture d'accrocher.

Une base acrylique suffit, un enduit ou du plâtre brut constituent des supports parfaits. Toutefois, vous devrez les humidifier à la brosse avant d'appliquer la peinture, pour atténuer leur porosité.

Poncez légèrement les surfaces à peindre pour supprimer toutes les éventuelles aspérités.

Matériel pour 30 m^2

Procurez-vous 1 kg de pommes de terre, 1,5 kg de blanc de Meudon (ou blanc d'Espagne), 500 grammes de pigment « Rouge Ercolano », 8 litres d'eau, 1 brosse à badigeon en soies naturelles, 1 fouet de cuisine, 1 moulin à purée, 1 tamis.

1

Faites cuire les pommes de terre à point, épluchez-les et préparez une purée avec 4 litres d'eau chaude. Ajoutez le blanc de Meudon dilué dans 2 litres d'eau froide, et battu au fouet.

2

Dans un autre récipient, mélangez 2 litres d'eau froide et la terre colorante jusqu'à dissolution complète. Versez progressivement le mélange dans le premier récipient en malaxant au fouet.

3

On passe la préparation au tamis pour supprimer les grumeaux. On l'applique uniformément sur le mur, en la tirant de haut en bas, au moyen de la brosse à badigeon bien chargée.

Un effet soyeux et structuré qui sème la douceur sur les murs. La peinture à la pomme de terre fait des miracles !

© Photo Y. Robic. Réalisation Pablo Vitart et Félicien Carli. Association Terres et Couleurs.

Imiter la pierre de taille

Associée au badigeon acrylique, la géométrie de la pierre engendre une délicieuse apparence de murs anciens. Il faut toucher, pour voir...

L'illusion de la pierre de taille peut tromper son monde, tant la ressemblance est réelle. La réussite passe par la minutie du travail, la patience de l'applicateur, et quelques astuces. Un décor à la portée de tous !

La préparation du fond

Le mur doit être parfaitement homogène, plan et sans défaut. Bouchez fissures et trous avec un enduit de rebouchage classique et poncez les réparations, après séchage de l'enduit, au moyen d'un papier de verre de grain moyen afin de rétablir la planéité.

Appliquez ensuite la couche de fond en deux fois. Celle-ci est faite d'un mélange en parts égales de peintures acryliques blanc mat et satinée, additionné de pigments terre d'ombre naturelle et d'une pointe d'ocre rouge, pour obtenir une coloration évoquant la pierre.

Rien de tel qu'un décor façon pierre de taille pour anoblir une grande entrée. © Photo Y. Robic.

Déterminer le tracé des pierres

Le rapport entre la longueur et la hauteur d'une pierre est égal à 1 pour 2, idéalement 33 cm x 66 cm. Vous pouvez toutefois le corriger en fonction du volume de la pièce et de la hauteur sous plafond, le ramenant par exemple à 29 cm x 58 cm pour une hauteur sous plafond standard de 2,50 m.

Commencez par tracer les lignes horizontales parallèles, poursuivez par les verticales en les décalant d'une demi-largeur, une rangée sur deux.

Vous formerez ainsi un appareillage dit « à coupe de pierre » ou « à joints décalés » dont le but est de placer les joints verticaux au milieu des joints horizontaux.

Obtenir le nuançage des teintes et le grain de la pierre

Le grain de la pierre se crée avec un mélange de bière et de pigments de teintes variées ; il en faut six dans la gamme des terres.

Faites-en des petits tas sur une palette, et préparez en marge un fond de bouteille en plastique où verser la bière blonde. La mise en couleur s'effectue pierre par pierre, en chargeant de bière la brosse de pouce, avec laquelle vous piochez ensuite les pigments déposés sur la palette.

Ensuite, le nuançage et le grain s'obtiennent avec une éponge naturelle et une brosse à pocher. Protégez le décor avec une couche de vernis acrylique.

Le matériel à prévoir

Rassemblez 1 règle de maçon en métal et de grande longueur, 1 grande équerre, 1 règle en bois, 1 brosse de pouce, 1 rouleau laine, 1 rouleau laqueur, 1 roulette de tapissier, 1 grosse éponge naturelle, 1 brosse à pocher, du ruban de masquage de 1 cm de largeur, une palette de grand format (ou un panneau de bois sous lequel vous fixerez une poignée).

Les 6 couleurs de pigment sont les suivantes : terre d'ombre naturelle, terre de Sienne naturelle, terre d'ombre brûlée, ocre jaune, ocre rouge, graphite.

Choisissez des peintures acryliques blanches, mates et satinées, de bonne qualité ainsi qu'un vernis acrylique incolore mat.

1

Avant d'intégrer les pigments dans le mélange de peintures, diluez-les dans de l'eau. Sur les murs plans et sains, appliquez la teinte de fond bien homogène, en deux couches, au moyen du rouleau laine.

2

Lorsque les murs sont bien secs, vous pouvez tracer l'appareillage des pierres en commençant par matérialiser l'axe de la fenêtre. Pour y parvenir, maintenez la règle métallique horizontalement et posez l'équerre dessus.

Remplacez la règle en métal par la règle en bois et fixez-la au moyen d'un serre-joint placé de part et d'autre du tableau de la fenêtre. Divisez alors en 5 parties égales le contour de l'arrondi.

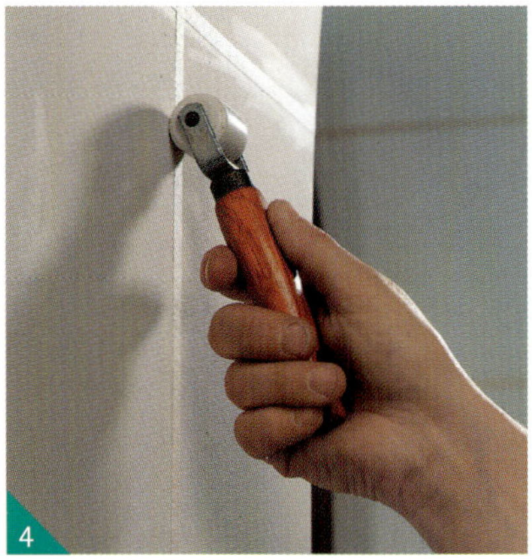

Poursuivez le tracé très léger de l'appareillage à partir de ces repères et collez le ruban de masquage sur les traits de crayon pour simuler les joints. Écrasez le ruban avec la roulette de tapissier.

Préparez votre palette en séparant les terres colorantes de manière qu'elles ne se mélangent pas entre elles, et réservez une surface libre pour tester les mélanges au fur et à mesure de l'application.

Trempez la brosse de pouce dans la bière sur 1/3 de la longueur des soies. Piochez du pigment, et testez sur la palette, puis mettez les pierres en couleur une à une.

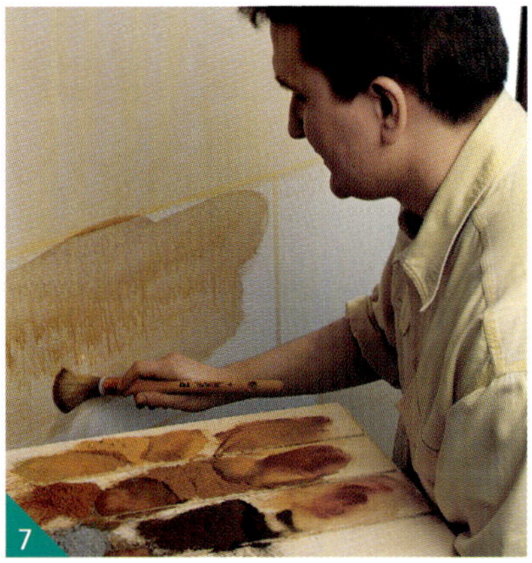

Pensez à varier la coloration des pierres par des apports de pigments. Les coulures donnent un côté véridique à l'ouvrage après l'estompage au moyen de l'éponge.

Mettez les pierres en teinte deux par deux puis tapotez les surfaces traitées à l'éponge humide. Elle laisse son empreinte et rattrape les irrégularités trop grandes.

Dans la foulée, passez la brosse à pocher en faisant onduler les soies horizontalement, sans reprendre de patine.

Redressez la brosse pour pocher le mur en laissant rebondir l'outil. Vous obtiendrez un grain très fin.

Lorsque tous les murs sont ainsi traités et bien secs, retirez les rubans de masquage en les tirant délicatement vers le bas.

Peintures décoratives

Grâce à leur composition subtile, les peintures décoratives créent des décors intenses, structurés, et diversifiés par l'outil de mise en œuvre.

Appelées parfois « systèmes décoratifs », les peintures décoratives rivalisent d'atouts. Comme elles sont prêtes à l'emploi, vous n'aurez aucune manipulation à faire, si ce n'est de vous mettre à l'œuvre.

L'appellation « système décoratif » se justifie dans la mesure où il faut, dans la plupart des cas, utiliser deux produits complémentaires. L'un sert de couche de fond, le second est une finition de surface. Chacun de ces systèmes est élaboré pour réagir au mieux sous tel ou tel outil d'application. Ils sont cités sur les conditionnements et vous devrez choisir celui qui offre l'effet auquel vous êtes sensible. Spalter, gant à peindre, rouleau structuré, spatule dentelée, éponge, taloche... vous avez l'embarras du choix.

« Accents du Sud » étant formulé à l'eau, évoluez toujours mur après mur. Rappelez-vous que le travail au spalter s'effectue sur la sous-couche lorsqu'elle est encore fraîche, et que l'homogénéisation de surface au moyen de la taloche s'entreprend sur la finition également avant séchage.

À travers une palette de 16 couleurs et des variations patinées mates, s'exprime tout le charme des ambiances méditerranéennes. © « Accents du Sud » Peintures Gauthier.

1 Appliquez la sous-couche avec un rouleau laine à poils demi-longs. Elle doit bien couvrir le mur.

2 Sans attendre le séchage, passez un spalter sur la surface en faisant des mouvements croisés.

3 Lorsque la couche de fond est sèche, appliquez la finition avec un rouleau laine semblable au premier.

4 Homogénéisez la surface au moyen d'une taloche en plastique posée presque à plat sur le support.

Reportage : © Docs Peintures Gauthier.

Effet « à l'essuyé »

Pour réaliser un décor en teintes fondues, lisse, d'aspect ciré ou patiné, « Les Essuyables » de Blancolor affirment une belle personnalité. Il s'agit d'une peinture acrylique dont la finition « à l'essuyé », lessivable après durcissement, s'effectue au moyen d'un gant à peindre. Le système comprend une sous-couche acrylique blanche satinée spécifique et une peinture de finition déclinée en 24 coloris de base, qu'il est recommandé d'appliquer en deux passes.

Ce décor « à l'essuyé », de couleur « jonquille », est souligné d'une petite frise qui sépare les deux tonalités. © Doc Blancolor.

Effet « brossé »

La peinture offre un aspect minéral sablé. Elle est formulée à base de résines acryliques et de sable de quartz. L'application s'effectue en deux fois avec le même produit. Selon l'effet recherché, vous choisirez un spalter (effet brossé), une spatule dentelée (effet peigné) ou un rouleau décor écorce (effet roulé). En seconde couche, la peinture doit être diluée à l'eau, de sorte que sa fluidité ne masque pas l'empreinte de l'outil. Utilisez un spalter pour l'effet brossé, ou une éponge de mer pour les effets peigné ou roulé. Méharé de Tollens existe en 11 coloris.

Fortement nuancée, cette peinture dévoile un grain minéral qui la structure différemment selon l'outil utilisé. © Doc Tollens.

Effet « cuir »

Particulièrement garnissante, la couche de fond est une peinture épaisse formulée à l'eau. Pour l'étaler sur le mur, vous utiliserez un rouleau en nid d'abeilles dont la structure provoque l'effet matière. Après le séchage, vous pourrez entreprendre la finition au moyen du produit complémentaire qui est en phase solvant et d'un rouleau plissé spécial dont résulte l'effet de cuir. Une vingtaine de coloris sont proposés pour la peinture décorative lessivable « Carthage » de Guittet.

La teinte bleu « Aquila » et l'effet cuir s'associent pour offrir un décor chaleureux et intense. © Doc Guittet.

Effet « spatulé »

Ce système décoratif offre un effet spatulé. Sur un support poreux (bois, plâtre ou plaques de plâtre), vous appliquerez d'abord un primaire recommandé par le fabricant (Primaire Décorative). Sur un support sain et propre, recouvert d'une ancienne peinture acrylique, une sous-couche n'est pas nécessaire. Utilisez une taloche pour étendre la peinture directement sur le mur sans chercher à accentuer le relief. Elle est proposée en 8 coloris. « Hacienda grain fin » Les Décoratives.

L'effet spatulé et les coloris évoquent les murs anciens que l'on traitait à la chaux.
© Doc Les Décoratives.

Les enduits à la chaux

Les enduits à base de chaux se déclinent sous divers aspects selon les éléments qui entrent dans leur composition. Simple enduit teinté, stuc, marmorino, tadelakt, créent des décors rustiques ou sophistiqués.

Les enduits à la chaux, quels qu'ils soient, ont des caractéristiques communes. La chaux offre la beauté des couleurs ainsi que leur matité et l'enduit, par sa consistance, produit un effet matière selon la nature de la charge qu'il intègre.

Plus ou moins facile

À faire soi-même ou à confier aux bons soins d'un spécialiste, les enduits décoratifs à la chaux ne relèvent pas de l'amateurisme. L'application dans les règles de l'art et le choix approprié des composants laissent peu de part à l'improvisation. Se lancer dans une telle aventure est osé mais pourquoi pas, si l'envie vous prend de mettre la main à la pâte ! Les expériences sont toujours enrichissantes. En matière d'enduits, elles n'échappent pas à la règle. Les degrés de difficulté sont variables selon les techniques. Marmorino et tadelakt à base de poudre de marbre sont beaucoup plus délicats à réussir qu'un enduit simple dont la beauté saura vous envoûter par son merveilleux aspect. Le stuc italien, si prisé, n'est pas à la portée de tous, mais il existe des produits prêts à l'emploi qui reproduisent une apparence assez proche.

Le tadelakt est totalement étanche. Il enrobe les maçonneries et crée des décors des mille et une nuits. © Photo Y. Robic.

Chaux et poudre de marbre additionnées créent des enduits très fins, ferrés pour révéler une clarté synonyme de lumière.
© Réalisation A. Kotarba. Photo Y. Robic.

Le stuc et le marbre se ressemblent. Le contact est lisse, les teintes nuancées, les couleurs profondes. Une décoration raffinée.

© Photo O. Hablot.

Une question de patience

Réussir un enduit passe par la préparation des fonds. C'est une étape incontournable, garante de succès, qui permet aux enduits d'accrocher le support. Fond ouvert, ou fond bloqué, cela dépend de leur composition qui les rend absorbants ou non. Tous les cas de figure existent et pour chacun, il y a des solutions, alors, courage, même si cela implique d'y consacrer du temps. Si vous décidez d'enduire vos murs profitez de congés, car il n'est pas question de procéder à la petite semaine, les étapes s'enchaînent et n'attendent pas. C'est plus contraignant que la peinture, mais dès que l'on est pris au jeu, cela devient grisant. Un décor qui prend forme, s'exprimant sous des couleurs inimitables, des jeux de transparence fascinants ou des effets matière joliment maîtrisés font oublier le temps qui passe, et l'envie d'aboutir est plus grande que celle de renoncer.

Les effets de transparence et de matière sont produits par la superposition des couches d'enduit.

© Réalisation J. Blouin et J.-C. Frontière. Photo Ph. Louzon.

D'un gris subtil, l'enduit de base est nuancé par des taches estompées faites avec des pigments plus foncés dilués. © Réalisation H. Cluson. Photo M. Boyer.

Les enduits traditionnels

Dans leur plus simple expression, les enduits décoratifs à la chaux pourraient être qualifiés de badigeons améliorés. La consistance de la pâte et le mode d'application font la différence.

L'enduit à la chaux teinté en rouge crée un décor voluptueux dans cette entrée. © Photo C. Larit.

L'enduit traditionnel à la chaux se prépare comme un badigeon mais sa consistance est enrichie par un apport de sable. Il s'applique au moyen d'une taloche, en deux passes, « frais sur frais ». La préparation des fonds est commune à celle de tous les revêtements à base de chaux (voir pages 42-43). La porosité du support doit être constante, sinon, vous risquez de créer des « fantômes », taches provoquées sous l'effet de l'absorption irrégulière de l'enduit par le support.

En finition, l'enduit peut être ferré au moyen d'un couteau américain. Cette technique consiste à passer le bout de la lame de l'outil sur la surface pour faire remonter les microparticules de calcaire, et offrir un aspect très lisse et satiné. Il peut aussi prendre volontairement du relief si l'applicateur le décide. Il s'agit alors d'une simple question de manipulation de la taloche. L'enduit à la chaux étant poreux et non lavable, il est possible de le protéger contre les taches en appliquant dessus une résine acrylique microporeuse.

Deux couleurs décorent ce séjour et se complètent harmonieusement. Les enduits ferrés sont naturellement nuancés de « fantômes » créés par les supports irrégulièrement poreux. © Photo C. Larit.

Le tadelakt

Soyeux, délicatement nuancé, le tadelakt est un enduit étanche à l'eau. Pour cette raison essentielle, il est prédestiné à la décoration des salles de bains, à la manière d'un hammam marocain.

Le tadelakt est supposé provenir du Maroc, de Marrakech en particulier, où, à défaut de marbre, il servait de revêtement étanche. Hammams, salles d'eau, sols intérieurs en bénéficient couramment, offrant au regard des décors enchanteurs, gais et vivants, d'un velouté exceptionnel. La chaux de Marrakech a des propriétés uniques pour réussir les plus beaux tadelakts en ajoutant simplement des pigments naturels. Comme il est presque impossible d'en trouver dans nos rayons spécialisés, vous devrez la remplacer par de la chaux aérienne éteinte (CL 90) et lui adjoindre de la poudre de marbre.

Le tablier de baignoire, en béton cellulaire (Siporex), s'habille d'un tadelakt couleur Havane d'Italie, comme les murs de la salle de bains. © Réalisation Blue Déco. Photo Ph. Louzon.

Réalisé en carreaux de plâtre, ce meuble est décoré comme le mur d'un tadelakt ocre jaune satiné par une cire incolore. © Réalisation Blue Déco. Photo Ph. Louzon.

Sur un fond poreux et accrocheur

Le fond idéal est un crépi au mortier de chaux. Malheureusement, l'engouement pour les pierres apparentes a fait disparaître ces enduits si couramment répandus sur les murs anciens. Des solutions de substitution existent. Vous devrez en premier lieu projeter sur le support un gobetis en couche mince et irrégulière (de 5 mm à 8 mm) et le superposer, deux ou trois jours après, d'un corps d'enduit plus épais (de 15 mm à 20 mm) taloché (« Kaldor » Strasservil).

Sur des carreaux de plâtre ou des murs peints à l'acrylique, vous devrez appliquer une sous-couche d'accrochage (« Sous-Couche » Les Trois Matons, « Barol » Sikkens ou « Unifond » Strasservil). Sur un mur plâtré, prévoyez une sous-couche perméable pour laisser le support respirer. Le béton cellulaire ne nécessite pas de préparation, sa porosité et son aspect granuleux suffisent à accrocher la finition.

Pigments en poudre et chaux en poudre ou en pâte constituent la base du tadelakt. Le ferrage à la spatule et le polissage au galet le rendent étanche. © Photo Ph. Louzon.

RUHLMANN un génie de l'art déco

Recette et tour de main

Les recettes, tous les spécialistes en suggèrent et pensent de bonne foi connaître la meilleure. Certains livrent leur savoir-faire, d'autres entretiennent le silence. En réalité, il n'y a pas de loi, seulement quelques règles.

L'enduit s'applique en deux couches. En première passe, il se compose de 1 volume de chaux aérienne éteinte (CL 90) et de 2 volumes de poudre de marbre (Socli). On ajoute de l'eau, jusqu'à obtenir une pâte consistante (comptez 3,5 litres pour 5 kg de poudres mélangées). Pour la seconde passe, la préparation est différente. Mélangez 1 volume de chaux (CL 90) et 1/2 volume de poudre de marbre. Pesez afin de pouvoir doser les pigments à raison de 15 à 20 % du poids total.

Versez de l'eau dans le seau contenant chaux et marbre jusqu'à ce que vous obteniez une pâte aussi consistante que la première, puis ajoutez les pigments soit directement, soit préalablement dilués dans un peu d'eau additionnée d'un agent mouillant (1 cuillère à café de savon liquide) qui en facilite la dispersion.

Les règles de base

Les enduits se préparent la veille de la mise en œuvre et lorsque le support est prêt à les recevoir. Humidifiez impérativement celui-ci au moyen d'un pulvérisateur, puis appliquez la première couche d'enduit blanc en 3 à 6 mm d'épaisseur. Dès que cette première passe a fait sa prise, on entreprend la couche en finition. Lorsqu'elle commence à prendre, il faut la ferrer avec une spatule métallique pour fermer les moindres

La préparation du tadelakt (la couche de finition) s'effectue dans une auge. On y mélange les ingrédients parfaitement dosés pour obtenir une pâte homogène.

Sur la couche de fond humidifiée (si c'est un enduit à la chaux), l'enduit teinté se dépose au moyen d'une lisseuse, de bas en haut, sur 5 mm d'épaisseur environ.

Pour aplanir la surface, on utilise une taloche que l'on fait glisser bien à plat sur le support. Travaillez par surfaces de 2 à 3 m², puis procédez au ferrage.

Dès que l'enduit commence à durcir, et bien qu'il soit encore humide, vous pouvez le ferrer au moyen de la spatule pour boucher les trous et les fissures.

Les nuances du tadelakt varient selon la lumière et l'angle de vue. Celui-ci, teinté d'ocre jaune, est ciré pour offrir un aspect satiné. © Réalisation Blue Déco, Architecte M. Poulet. Photo A. Duarte. Tableau P. Baillet.

fissurations. Une fois devenu encore plus dur, l'enduit se polit avec un galet par mouvements concentriques, puis lorsqu'il est sec, on l'imprègne entièrement d'eau savonneuse (savon noir dilué) qui révèle les fissures restantes. Il faut alors à nouveau polir au galet les zones fissurées pour serrer l'enduit et colmater ainsi les moindres petites fissures.

Le bon dosage des composants et le suivi des règles de base ne suffisent pas à réussir le plus beau des tadelakts. S'y ajoutent le coup de main, le coup d'œil, les expériences répétées, voire le talent...

L'enchaînement des étapes répond à une technique, mais le « bon » moment pour l'entreprendre n'est pas facile à déterminer. C'est la difficulté majeure ! Ferrer un enduit trop frais le creuse, le polir au galet s'il est trop sec n'assure pas l'étanchéité parfaite...

Comme la chaux réagit de manière différente selon la nature du support et la température ambiante, les temps de prise sont très irréguliers et presque impossibles à prévoir. Si vous n'avez jamais appliqué d'enduit, évitez de commencer par le tadelakt, faites-vous la main avec des enduits classiques.

Si vous êtes audacieux et quelque peu expérimenté, passez à l'étape du tadelakt, dans une pièce à vivre plutôt que dans une salle de bains, la réussite de l'étanchéité ne rentrant pas en ligne de compte, dans ce cas. De toute manière, un enduit à la chaux est toujours beau à voir !

Quand l'enduit ne laisse pas de trace au toucher, vous pouvez passer à l'étape du polissage au galet. Frottez le mur en exerçant des mouvements concentriques, sans appuyer, pour fermer les fissures par déplacement de la matière.

Dès que l'enduit est sec, appliquez l'eau savonneuse au moyen d'une éponge naturelle. Procédez par petites surfaces en tapotant le support sans craindre de déposer de la mousse. Vous l'éliminerez en faisant glisser l'éponge.

L'eau savonneuse pénètre dans les microfissures et les révèle par un assombrissement de la teinte. Vous devrez alors les fermer en passant à nouveau le galet, ce qui demande des forces pour exercer une pression suffisante.

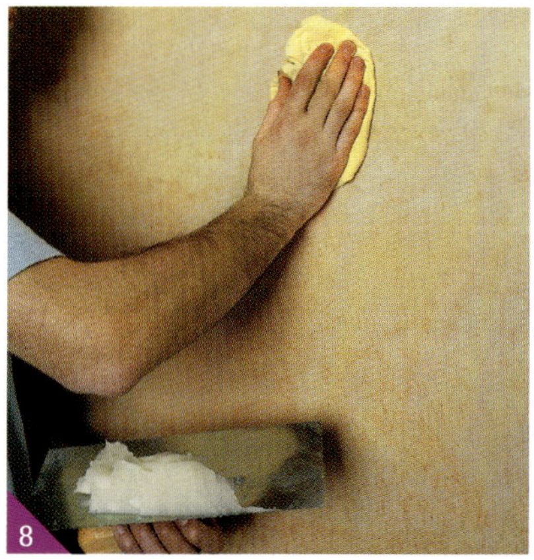

La cire blanche s'étale avec un chiffon doux. C'est une finition facultative qui apporte une légère brillance et renforce l'étanchéité sans modifier la teinte de l'enduit. Gardez la main légère pour éviter un surplus et faites briller au chiffon.

Une finition cirée

Lorsqu'il est sec, le tadelakt est beaucoup plus clair qu'au cours de son application. Il est toujours surprenant de visualiser l'évolution de son éclaircissement, mais rappelons qu'avec la chaux teintée de pigments naturels vous n'obtiendrez jamais de teintes foncées.

Le tadelakt, naturellement velouté après polissage, peut offrir un reflet satiné si vous appliquez dessus, et après séchage intégral, une cire blanche lustrée au moyen d'un chiffon de laine.

Cette baignoire maçonnée est revêtue intérieurement d'un tadelakt dont la couleur évoque les mers du Sud. © *Réalisation C. Moreau et O. Macquaire. Photo C. Rouffio.*

Le tadelakt prêt à l'emploi

Couleurs séduisantes, temps gagné... Le tadelakt façon industrielle ne sait, actuellement, imiter tous les aspects singuliers du tadelakt artisanal. Mais quelle facilité pour réussir un décor haut de gamme !

Les produits « façon tadelakt » sont des peintures ou des pâtes de composition particulière dont la texture est très fine. L'application s'effectue au moyen d'une taloche. Après séchage, leur aspect velouté se révèle élégant, empreint d'une touche délicate qui confère du raffinement.

« Murs d'Orient » est une peinture prête à l'emploi (12 coloris). Appliquée en deux couches et protégée par un gel transparent, elle offre l'effet d'une terre polie. © Doc Les Décoratives.

1 Le mur reçoit un primaire appliqué au moyen d'un rouleau. On étale la première couche de peinture finement avec une taloche en plastique, sans chercher à lisser parfaitement.

2 On laisse sécher pendant au moins 8 heures. La seconde couche s'effectue par un apport de peinture en petites touches, écrasées et lissées au moyen de la taloche.

3 Cette seconde couche sèche en 8 heures, comme la première. Passé ce délai, la finition s'entreprend avec un gel transparent (Protecteur Murs d'Orient), déposé et lissé à la taloche pour obtenir un effet glacé.

Reportage : © Doc Les Décoratives.

Sur une sous-couche absorbante à base de silice, « façon tadelakt » est une pâte blanche à teinter, formulée à base de charges minérales. On l'applique avec une taloche en couche fine, en évitant les traces de reprise. Sur cette couche mouillée, on revient déposer de la pâte, toujours au moyen de la taloche, en lissant. Dès que le produit n'adhère plus au doigt (il est encore humide), la surface est polie avec un galet, par petits mouvements circulaires, afin de resserrer le grain et de faire apparaître la structure et le veinage de la pâte. Chacune de ces étapes s'effectue par surfaces successives de 0,5 m². En finition, une cire incolore s'étale de bas en haut, au pinceau, puis on l'écrase au moyen de la spatule tenue parallèlement au mur avant de lustrer au chiffon. En 13 coloris « Entrée en Matière ».

Teinté d'oxyde rouge, « façon tadelakt » imprime sur les murs des nuances subtiles. © Doc « Entrée en Matière ».

La couleur, qui peut être soutenue, se choisit sur échantillon. Vous n'aurez donc pas de surprise comme avec du véritable tadelakt, qui ne dévoile sa couleur définitive que lorsque le travail est achevé.

La préparation des fonds conditionne la réussite. Sous-couche, primaire ou base absorbante, c'est selon... À faire soi-même ou bien à faire faire !

De couleur jaune Havane, « façon tadelakt » paraît soyeux. La cire de finition apporte une légère brillance qui engendre des reflets. © Doc « Entrée en Matière ».

Le stuc prêt à l'emploi

Contrairement au tadelakt, le stuc est un enduit mince dont l'aspect évoque le marbre. C'est un travail délicat qui demande un minimum d'expérience.

La beauté du stuc est liée à la finesse des agrégats qui entrent dans sa composition. À la chaux s'ajoute, au choix, de la poudre de marbre, des sables très fins ou de la poudre de pierre, du carbonate de calcium... Soit des charges de granulométrie extrêmement fine. Les sables colorés ou les poudres de marbre peuvent, dans certains cas, suffire à teinter le stuc, ou lui donner une nuance de base que l'on renforce de pigments. Des adjuvants entrent aussi dans la composition du stuc, du talc pour donner souplesse et onctuosité, de la cire sapinofiée qui apporte la brillance, sans oublier fixateur, agent mouillant... Ces dosages subtils, réussis après quelques expériences, dissuadent les amateurs à juste raison. D'autant que la préparation de l'enduit est une chose, et son application en est une autre ! Les stucs prêts à l'emploi sont une alternative accessible à tous. Synonyme de décoration luxueuse, le stuc est simplement magnifique.

Cette peinture à effet offre un aspect marbré proche du vrai stuc. L'alternance des mats et des brillants amplifie la transparence. En 20 coloris. © « Arezzo » Guittet.

Sur un fond préparé, la première couche garnissante s'applique au moyen d'un rouleau texturé pour couvrir le support.

La peinture fraîche se travaille avec une spatule en plastique pour obtenir un effet structuré tout en lissant la matière.

En seconde couche, la peinture se dépose au moyen d'un couteau américain, par petites touches (papillonnage).

Après séchage, on ferre la peinture au couteau américain pour écraser le relief et obtenir les contrastes mats et brillants.

Reportage : © Doc Guittet.

L'effet moiré obtenu par ferrage de la peinture est accentué par les jeux de lumière. En 40 coloris, ***« Les Marbrés ».*** © Doc Biancolor.

Le marmorino

Cet enduit fin prouve sa subtilité dans la superposition de trois teintes, donc de trois enduits, appliqués « frais sur frais ». Les effets de transparence qui en résultent sont exceptionnels.

En nuançant la teinte des passes et en resserrant fortement l'enduit, on obtient l'effet de transparence et l'aspect satiné de ce revêtement décoratif au toucher délicat.

La mise en teinte

Les trois enduits diffèrent en couleur et en composition. La proportion de chaux augmente du premier au troisième, alors que la quantité de poudre de marbre diminue jusqu'à disparaître dans le dernier. On dose les pigments pour obtenir des nuances dans une même gamme de couleurs. Comme les enduits s'appliquent « frais sur frais », les teintes se mélangent imperceptiblement, créant cet inimitable effet de transparence.

Le marmorino se distingue du stuc par le nuançage des coloris. © Réalisation Les Ateliers de Vérone. Photo O. Perrot.

L'enduit d'accrochage

Sur fond bloqué, prévoyez, en premier lieu, une sous-couche à base de résine acrylique et silice (Strasservil, Les Trois Matons). Sur pierres enduites, briques ou béton cellulaire, dressez directement l'enduit d'accrochage. Sur des moellons, gobetis (de 5 mm à 8 mm d'épaisseur) et corps d'enduit (20 mm d'épaisseur) s'imposent avant d'effectuer l'enduit d'accrochage. Le gobetis, projeté à la truelle, se compose de 2 volumes de chaux hydraulique naturelle (NHL 3,5) et de 3 volumes de sable de rivière sur les pierres dures, jusqu'à 5 sur les pierres tendres (granulométrie, de 4 mm à 6 mm). Le corps d'enduit, taloché, intègre 2 volumes de chaux hydraulique naturelle (NHL 3,5) pour 5 volumes de sable.

L'enduit d'accrochage (de 3 mm à 4 mm d'épaisseur) est constitué de 1 volume de chaux aérienne éteinte (CL 90) et de 2 à 3 volumes de sable (granulométrie de 0 mm à 2 mm passé au tamis de 15).

L'enduit d'accrochage doit sécher pendant 4 à 5 jours avant de recevoir les enduits de finition. Profitez de ce délai pour réunir tout le matériel dont vous aurez besoin, sans rien oublier, car les trois enduits s'appliquent dans la foulée.

Le gobetis, de consistance assez liquide, se jette à la truelle sur les moellons dépoussiérés et humidifiés.

Durci après 24 heures, le gobetis est humidifié au moyen d'un pulvérisateur, même s'il n'est pas encore sec.

Le corps d'enduit, jeté à la truelle, se lisse avec une taloche éponge dès qu'il commence à durcir.

De consistance assez épaisse, l'enduit (sous-couche) s'étale à la lisseuse, de bas en haut sur le corps d'enduit humidifié.

Avant séchage, les irrégularités sont effacées au moyen d'une taloche éponge, par mouvements circulaires.

Arrondis à la main, les angles de mur seront moins fragiles aux chocs et contribuent à la douceur du décor.

Brossez l'enduit de sous-couche, de 4 à 5 jours après la mise en œuvre pour éliminer les grains de sable non fixés.

Préparez les enduits dans des récipients profonds pour pouvoir les malaxer avec un malaxeur électrique.

Après avoir tracé la hauteur du soubassement, appliquez le 1er enduit sur une petite surface et serrez-le fortement avec la lisseuse.

Dès que l'enduit ne marque plus le doigt, passez le 2e enduit en couche mince et en appuyant, pour qu'il se fonde dans le précédent.

Déposez le 3e enduit, en film mince, en tirant une très faible quantité, au moyen de la lisseuse pour déposer un voile.

En resserrant les 3 passes d'enduit, les microfissures disparaissent. Les traces de ferrage structurent l'aspect.

Les enduits de finition

C'est la veille de la mise en œuvre qu'il convient de préparer les trois enduits de finition à base de chaux aérienne éteinte (CL 90). Le premier enduit se compose de 1 volume de chaux, 2 volumes de poudre de marbre très fine tamisée, 15 % du poids total sec de pigments (ocre rouge et terre de Sienne). Le deuxième enduit se prépare avec 5 volumes de chaux, 1 volume de poudre de marbre, 15 % du poids total de pigments (ocre rouge, terre de Sienne, oxyde rouge à diluer dans de l'eau additionnée d'agent mouillant). Le troisième enduit inclut de la chaux et 15 % du poids de pigments (terre de Sienne et ocre rouge). Dans les mélanges de poudres, ajoutez de l'eau pour obtenir une pâte homogénéisée au moyen d'un malaxeur.

Travailler « frais sur frais »

Pour la première passe, comptez de 2,5 à 3 litres de préparation par mètre carré. Appliquez l'enduit avec la lisseuse, en 3 mm à 4 mm d'épaisseur. Pour la deuxième passe, prévoyez 1 litre d'enduit par mètre carré.

Le marmorino représente un travail considérable sur un laps de temps important. C'est le tribut à payer pour obtenir un résultat soigné. © Photo O. Perrot.

Appliquez à la lisseuse en 1 mm d'épaisseur. La troisième passe, encore plus fine, forme un voile et bouche tous les pores. Il faut la serrer et la lisser au fur et à mesure du séchage.

Progressez toujours par petites surfaces, humidifiez systématiquement les fonds.

Soubassement et encadrement de fenêtre se distinguent par des couleurs différentes. L'effet visuel qui en résulte réduit la hauteur des murs et confère à la pièce un caractère intime.

Les jeux de couleurs

C'est après avoir achevé la partie supérieure des murs que le soubassement et l'entourage de la fenêtre se conçoivent. La reprise, au niveau du changement de couleur, est plus facile à réaliser dans cet ordre. Les trois enduits se préparent dans le respect des dosages expliqués précédemment. C'est simplement la couleur des pigments qui diffère.

En première passe, les pigments choisis sont de l'oxyde vert (dilué à l'eau additionnée de savon liquide), de la terre de Sienne naturelle et de la terre verte.

En deuxième passe, une pointe d'oxyde rouge est ajoutée aux mêmes pigments. Le troisième enduit n'intègre que de la terre verte.

Avant la prise effective des trois couches, retravaillez la surface avec la lisseuse mouillée d'eau savonneuse (1 cuillère à café par litre).

Pour parvenir à un raccord bien horizontal, tracez la ligne de séparation des couleurs en vous aidant du niveau.

Les débords d'enduits ocres s'éliminent par grattage, de haut en bas, pour éviter les conséquences d'un dérapage.

Déposez les enduits teintés en vert comme pour les ocres. Utilisez une truelle de stucateur au niveau du raccord.

Récapitulatif du matériel

Pour le gobetis, le corps d'enduit, et l'enduit d'accrochage : truelle, taloche, taloche éponge, auge, pulvérisateur, règles, lisseuse.
Pour les enduits de finition : récipients profonds, auges, malaxeur électrique, brosse, seau, pinceau, niveau, cutter, truelle de stucateur, lisseuse, et grattoir.

L'opposition subtile des couleurs et la douceur du marmorino signent une décoration raffinée.

Les effets cirés

Appliquée sur plâtre, badigeon, peinture ou enduit, la cire a des vertus décoratives et protectrices. Le voile satiné qu'elle dépose adoucit les surfaces et les protège contre les taches.

La cire est une finition plus souvent choisie pour le bois que pour les murs. Cirer plâtres, enduits, badigeons ou peinture est pourtant une pratique très ancienne, qui permet de renforcer une teinte de base ou de l'apporter sur un fond blanc. En outre, la cire dépose un voile soyeux, synonyme de reflets modérés et de douceur.

Une cire saponifiée nuancée recouvre les murs en plâtre brut de cette salle de bains.

© Photo A. Duarte.

Du pour et du contre

La contrepartie des effets bénéfiques de la cire, c'est l'impossibilité, par la suite, de repeindre un support qui en a reçu, à moins de le décaper très soigneusement avec un produit décirant si la cire est à base d'essence, ou par lessivage si elle est saponifiée. Les enduits à cirer formulés à base de cellulose étant décollables avec une décolleuse à papier peint, vous pourrez vous débarrasser du décor.

On applique l'enduit prêt à l'emploi au spalter pour obtenir un effet brossé. La cire teintée, étalée au gant en couche uniforme, colore le fond sans effacer l'effet.

© « Effet Brossé Ciré », Esprit Nature. Toupret.

La cire saponifiée

Elle se mélange à toutes les préparations courantes à l'eau telles que badigeons et peinture, ou peut être appliquée en recouvrement. Sur du plâtre brut, sur un enduit traditionnel ou sur un fond peint en blanc, la

Sur un enduit cellulosique taloché (Murs d'Autrefois), la cire teintée appliquée au chiffon est naturellement nuancée par les reliefs, car elle s'accumule dans les creux. © Photo Y. Robic.

même cire additionnée de pigments naturels dépose la couleur. Vous pourrez obtenir des nuances en variant le dosage des pigments. Il vous sera plus facile de l'éliminer qu'une cire préparée à base d'essence de térébenthine ou de white spirit.

La cire à l'essence

Lorsque essence de térébenthine ou white spirit entrent dans la composition de la cire liquide, il n'est plus possible de la mélanger aux préparations à l'eau. En revanche, vous pourrez l'appliquer en deux couches fines sur un décor peint pour le protéger. Dans 1 litre d'essence, mélangez 75 grammes de cire naturelle en pain râpée et laissez reposer jusqu'à dissolution complète (de 1 à 2 jours).

Les cires décoratives

Les enduits à cirer décollables sont toujours vendus blancs, avec une cire décorative teintée que l'on applique en recouvrement lorsque le fond est sec. Chaque marque d'enduit propose sa propre cire formulée, en principe, pour assurer la cohésion du décor.

Sur un enduit blanc (Murs d'Autrefois), la cire teintée de finition a été légèrement poncée pour découvrir les reliefs les plus saillants du fond taloché. © Photo B. Ladoux.

Directement déposée sur un fond plâtré, la cire teintée est nuancée par une deuxième couche irrégulière.

Plâtres et peintures cirés

La cire saponifiée, teintée avec des pigments naturels, dépose sur les murs des effets nuancés au velouté délicat. Une patine à l'ancienne à redécouvrir.

Opposée à la peinture de fond ou au plâtre brut, la cire saponifiée colorée crée naturellement des nuances par effet de transparence. Vous pouvez l'appliquer en une seule couche ou en plusieurs (jusqu'à trois) pour obtenir une couleur soutenue.

La préparation

Un litre de cire saponifiée se prépare avec de la cire blanche pure en pain (100 grammes), du carbonate d'ammonium (40 grammes), et de l'eau (1 litre).

Le mélange s'effectue à chaud, sur un foyer électrique et dans un récipient profond, car il provoque une effervescence qui ne doit pas déborder.

Portez l'eau à ébullition, puis intégrez la cire râpée en remuant au moyen d'un fouet de cuisine. Portez un masque et des gants pour vous protéger, et versez très lentement le carbonate d'ammonium en continuant à brasser. Méfiez-vous de la forte effervescence qui se

Appliquée avec un gant à peindre, la cire teintée décore ce couloir en deux tons. La couche de fond est une peinture acrylique blanche. © Architecte d'intérieur T. Hout. Photo P. Smith.

produit au cours du mélange. Retirez le récipient du foyer et continuez à remuer au fouet. La cire s'épaissit en refroidissant, et s'utilise après refroidissement complet. Les pigments s'ajoutent à cette préparation, mais ne cherchez pas à obtenir la teinte définitive, car plus vous superposez les couches, plus elle fonce.

Sur un fond blanc

Un fond peint est moins absorbant qu'un fond brut enduit ou plâtré. Appliquez la cire teintée au moyen d'un pinceau de type spalter, d'une éponge naturelle ou d'un gant à peindre. Faites des mouvements dans tous les sens sans chercher à couvrir le fond dès la première couche. Recommencez une ou deux fois selon la densité du décor que vous souhaitez obtenir.

La cire saponifiée sans pigments peut être appliquée sur un badigeon acrylique coloré ou sur une peinture acrylique mate, ce qui permet de déposer un voile satiné moins intense qu'un vernis.

Le plâtre brut aux angles arrondis a pris de la couleur sous deux couches superposées de cire teintée étalée régulièrement au pinceau. © Photo A. Duarte.

Les enduits cirés

Effet « brossé »

L'enduit appliqué au moyen d'une brosse plate imprime sur le mur un relief cordé peu accentué, valorisé par la cire teintée.

Le relief discret obtenu par un effet brossé est un parti pris décoratif. Il permet de bien doser les nuances de la cire teintée.

Sous forme de kit

La plupart des enduits à cirer sont proposés sous forme de kit comprenant une poudre à mélanger avec de l'eau et l'outil d'application (spalter, taloche...). En complément, prévoyez la cire dont vous choisirez la teinte sur une palette d'échantillons, et ce qu'il faut pour l'étaler (gant à peindre, pinceau ou chiffon selon les cas). Le seau contenant la poudre est gradué, pour pouvoir obtenir un enduit de consistance idéale.

La préparation des fonds

L'épaisseur de certains enduits dispense de boucher les trous et les fissures stables. Mais, comme ce n'est pas un cas général, suivez les indications mentionnées sur les emballages. Si une sous-couche est recommandée, pour rendre le fond accrocheur, appliquez-la conformément aux indications.

L'enduit taloché est recouvert d'une cire teintée couleur « jaune Épice ». Les nuances sont obtenues par un apport local de cire en deuxième couche.

Une pâte homogène

L'enduit est prêt lorsque le mélange d'eau et de poudre forme une pâte parfaitement homogène, sans grumeaux. Selon les formules, cette préparation est plus ou moins longue à réussir, soit en la malaxant à la main pour écraser le moindre grumeau entre les doigts, soit en utilisant un malaxeur monté sur un moteur de perceuse. La pâte peut se conserver pendant quelques jours dans le récipient fermé si vous souhaitez entreprendre le travail en plusieurs fois. Pour chaque reprise, n'ajoutez pas d'eau, mais brassez le mélange, qui retrouvera ainsi sa consistance initiale.

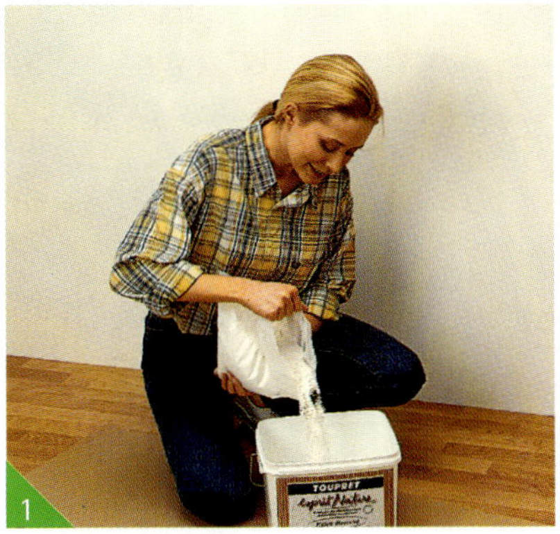

Versez progressivement la poudre dans le volume d'eau dosé selon la graduation inscrite sur le récipient.

Brassez à vitesse lente avec le malaxeur fourni dans le kit, qu'il vous suffit de monter sur un moteur de perceuse.

Pour obtenir un effet brossé, l'enduit est étalé sur la sous-couche au moyen d'un spalter qui dépose un relief cordé.

Comptez 4 heures de délai au minimum avant d'appliquer la cire teintée sur l'enduit sec au moyen d'un gant à peindre.

Nuancer la cire

Si vous souhaitez nuancer la cire, frottez-la légèrement par endroits avec une éponge humide avant séchage. Ou poncez localement avec du papier de verre lorsqu'elle est sèche. Cette méthode, par retrait de matière, peut être remplacée par un ajout de cire. Il vous suffit d'en redéposer partiellement sur le fond mis en teinte.

Effet « taloché »

La taloche remplace la brosse pour appliquer l'enduit. Elle forme des reliefs plus marqués, qui seront renforcés par la cire.

Le fond est uniformisé et rendu accrocheur par une sous-couche contenant de la silice. Il doit être sec pour recevoir l'enduit blanc étalé au moyen de la taloche en plastique fournie dans le kit.

On prépare l'enduit Murs d'Autrefois (Les Murs se Créent) dans le seau gradué en y versant d'abord l'eau et en ajoutant la poudre petit à petit, et on malaxe la pâte avec les mains pour écraser les grumeaux. Manipuler la spatule demande un bon tour de main, mais très vite, vous y parviendrez ! Ne cherchez pas à accentuer les reliefs, plus vous les écrasez, plus le résultat est élégant.

L'enduit « Terre d'Italie » est livré prêt à l'emploi, en pâte. Il permet de créer des effets variés selon l'outil d'application utilisé. Sur ce mur, il est taloché. © Doc Tollens.

Prêt à l'emploi

L'enduit ciré « Terre d'Italie » de Tollens est prêt à l'emploi. La mise en œuvre s'effectue à la taloche, à l'éponge ou à la brosse, selon l'effet choisi, sur un fond ayant reçu une couche d'impression acrylique de la même marque. Une fois la cire appliquée au moyen d'une brosse large (10 teintes au choix), le décor est lavable.

Pour rendre le fond accrocheur, la sous-couche est essentielle. Elle contient de la silice et s'étale au rouleau.

Les soupentes ont été décorées avec une cire teintée « Terre de Vignes » appliquée sur l'enduit taloché Murs d'Autrefois.
© Photo Y. Robic.

Il convient de mouiller régulièrement la taloche au cours de l'application pour éviter à l'enduit d'y adhérer.

La cire teintée s'étale au pinceau pour enrober tous les reliefs sans excès. Éliminez les dépôts incrustés dans les creux.

Au moyen du chiffon, on égalise la cire avant qu'elle ne soit sèche, afin d'atténuer les nuances trop marquées.

Reportage : © Photos Y. Robic.

Les enduits teintés dans la masse

La composition de ces enduits teintés dans la masse offre un grain qui crée le relief. C'est celui-ci que vous mettrez en valeur sous l'effet d'une finition.

La granulométrie de l'enduit varie selon la composition. De l'enduit à l'eau le plus simple à ceux qui sont composés de poudres minérales plus ou moins fines, les possibilités décoratives sont vastes.

Formulé à base de minéraux de granulométrie et de densité variables, cet enduit spatulé révèle sa structure à travers un coloris romantique.

Un décor réalisé en quatre couches d'enduits à l'eau teintés différemment pour jouer sur la superposition des couleurs.

Taloché ou spatulé

L'outil d'application est toujours recommandé par les fabricants d'enduits prêts à l'emploi. Vous aurez le choix entre spatule et taloche, qui se manipulent différemment pour valoriser le grain à leur manière et optimiser le résultat. Le geste prouve ainsi toute son importance, laissant une empreinte créatrice de relief qu'il faudra chercher dans la plupart des cas à réduire par écrasement de matière ou par ferrage. Une sous-couche de nature particulière est parfois recommandée pour que l'enduit accroche.

De fabrication maison

Les enduits prêts à l'emploi ont leurs particularités pour se distinguer en aspect, en coloration, ainsi qu'au toucher. Rustiques, raffinés, classiques, subtils, soyeux… C'est selon. Et vous devrez y mettre le prix !

L'enduit « Murs d'Autrefois » (Les Murs Se Créent) teinté de pigment Bleu Vendéen, est taloché en une seule passe en forte épaisseur. Il est imperméabilisé par une cire incolore. © Photo Y. Robic.

Dans sa plus simple expression, un enduit teinté dans la masse relève d'une alchimie basique. Il suffit d'utiliser un enduit à l'eau (sous forme de poudre à délayer) et d'intégrer une terre colorante pour obtenir une pâte prête à l'emploi, économique et facile à mettre en œuvre.

Travailler progressivement

Les enduits sèchent plus ou moins rapidement, et vous ne devez pas vous laisser piéger par le temps. Travailler un enduit durci est peine perdue à moins de choisir une finition par ferrage. Préparez vos mélanges au fur et à mesure de la mise en œuvre, sachant que vous progresserez par surfaces successives, d'une part pour déposer l'enduit, et d'autre part, pour le structurer dans le frais. Pas d'empressement, donc, surtout qu'avec un enduit teinté dans la masse vous ne ferez pas de traces de reprises.

Une cire teintée crée un effet nuagé sur cet enduit d'aspect velouté teinté dans la masse. Murs En Soi. © Doc Les Murs Se Créent.

Composition basique

En ajoutant des pigments dans un enduit à l'eau, on obtient un enduit teinté... dans sa plus simple expression. Spatule et brosse lui donneront alors relief et ancienneté illusoire.

Économique, original, facile et pourtant spectaculaire ! Habituellement, enduire un mur demande un bon tour de main, pour éviter les reliefs et le ponçage fastidieux engendrés. Avec cette technique, au contraire, un applicateur expérimenté cherchera à en créer, et un débutant en fera malgré lui. Autrement dit, tout le monde peut tenter sa chance. Succès garanti.

Choisir l'enduit

Un enduit en poudre à mélanger avec de l'eau offre l'avantage de sécher rapidement en laissant des reliefs marqués (type « Prestonett » de Beissier). Comme vous allez le travailler en épaisseur, vous pourrez corriger les inégalités d'un support ancien ou atténuer la rigueur d'un support neuf. Colorez-le avec des pigments naturels en poudre, qui se mélangent aisément avec les enduits à l'eau et restent stables à la lumière.

1 Préparez la pâte à raison de 4 volumes d'eau pour 10 volumes d'enduit en poudre. Mélangez au moyen de la spatule pour écraser les grumeaux et versez progressivement les pigments en pluie.

2 L'enduit doit reposer pendant 30 minutes avant d'être étalé au moyen de la spatule la plus large. Faites des gestes amples et irréguliers en arrondi. Appuyez plus ou moins pour créer des effets.

3 Sans reprendre d'enduit, maniez la lame propre de la spatule sur la couche fraîche en la tapotant. Faites des gestes irréguliers en zigzag ; si vous enlevez un peu de matière, cela n'a pas d'importance.

Un minimum d'outillage

Procurez-vous 2 spatules à enduire, l'une de 22 cm de largeur, la seconde de 12 cm. Prévoyez aussi une auge et une brosse à poils courts. La teinte du pigment est à l'appréciation de chacun, ici, il s'agit d'un bleu outremer.

4 L'enduit doit être encore frais et malléable pour permettre un travail à la brosse. Donnez des petits coups perpendiculairement au mur, sans appuyer. Les soies forment un piqueté irrégulier.

5 Laissez l'enduit sécher pendant une journée, puis ferrez-le. Pour cela, utilisez la spatule étroite, et faites-la glisser de haut en bas du mur en appuyant sur la lame, tout en conservant un angle de 45°.

Reportage : © Photos Y. Robic.

Rugosités et empreintes s'affichent en couleur sur des murs plans d'origine. Un décor personnalisé au charme ancien. © Photo Y. Robic.

Structure et patine

Les minéraux, de granulométrie et de densité variables, offrent à cet enduit une structure fine et irrégulière, tandis que la finition satinée le patine avec élégance et raffinement.

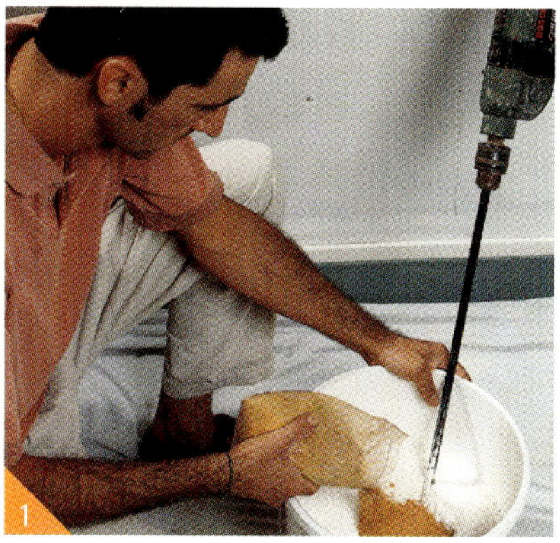

Poudre d'enduit et poudre colorante se mélangent à sec, au moyen d'un malaxeur monté sur un moteur de perceuse, pour garantir l'uniformité de la teinte.

Versez la poudre colorée dans l'auge contenant l'eau dosée conformément aux indications. Malaxez au moyen d'une spatule de peintre pour obtenir une pâte homogène, sans grumeaux.

Sur le mur peint, étalez l'enduit en couche épaisse, avec une spatule pour le couvrir. Procédez de haut en bas en variant les gestes afin de créer un mouvement attractif à l'œil.

Dès que l'enduit commence à durcir, écrasez bourrelets et irrégularités de surface au moyen d'une spatule propre. L'enduit révèle seulement un léger relief et l'empreinte des gestes.

De consistance plus liquide, l'enduit de la seconde couche s'applique sur le fond humidifié. Faites des gestes réguliers de haut en bas, en ratissant le support pour déposer peu de matière.

Le ponçage à l'aide d'un tampon abrasif s'effectue à sec, par mouvements circulaires, sans appuyer. Cela permet d'adoucir la surface, qui peut recevoir vernis satiné imperméabilisant ou cire teintée.

Reportage : © Photos Y. Robic.

L'enduit décoratif Clément se distingue par la finesse du grain qu'il dépose sur les murs. Il crée un décor vivant et chaleureux. © Photo Y. Robic.

L'enduit en poudre, en seau de 15 kg est vendu avec une dose de colorant pour couvrir 10 m^2 en deux passes. Il accroche sur tous les supports (bois, panneaux de fibres, plâtre...), recouverts d'une couche de peinture glycérophtalique mate.

Mélangez les poudres à sec et versez dans une auge contenant de l'eau dosée à raison de 1 volume d'eau pour 2 volumes de poudre. Malaxez jusqu'à supprimer tous les grumeaux et laissez reposer de 5 à 10 minutes.

Deux couches successives

La première couche est garnissante et régulière, portant des reliefs atténués par écrasement à la spatule. La deuxième couche s'applique sur la première lorsque l'enduit a commencé sa prise, soit de 1 heure à 1 heure 30 après la mise en œuvre. De consistance plus fluide, l'enduit s'applique en couche fine par ratissage à la spatule. On évitera les bourrelets, car ce n'est pas l'outil qui crée le relief mais la structure même de l'enduit.

Une finition patinée

C'est à l'issue du séchage que vous ferez la finition de votre choix. Le ponçage au moyen d'un tampon abrasif (de type Scotch Brite) adoucit la surface de l'enduit. Vous pourrez appliquer un vernis satiné pour obtenir une légère brillance, une cire teintée qui, passée irrégulièrement au chiffon, crée une patine nuancée, ou un produit imperméabilisant ; idéal dans une cuisine ou une salle de bains, il n'altère pas l'aspect et le protège des taches de projection.

Couches et couleurs

L'enduit est une pâte minérale qui s'applique en deux couches de coloris proches. Son aspect soyeux et nuancé se révèle sous l'effet d'un ponçage final.

C'est au moyen d'une taloche que vous dresserez cet enduit dont la particularité est d'offrir une finition douce et délicate, évoquant la soie. La superposition des couches de teintes différentes dévoile un effet nuagé. Préparez les fonds comme suit. Poncez les supports neufs, les plaques de plâtre peintes ou brutes, et les fonds laqués ou satinés, et passez en deux fois la sous-couche complémentaire de l'enduit. Sur les fonds poudreux ou multimatériaux, appliquez une impression glycérophtalique, puis la sous-couche en deux fois. Sur un fond acrylique,

1

La sous-couche blanche est indispensable pour uniformiser le support. Utilisez exclusivement celle qui est préconisée par le fabricant, la Base Décorative Mat de Murs en Soi.

2

L'enduit préparé au moment de l'emploi s'applique au moyen de la taloche fournie, en fine couche. Commencez dans un angle, puis couvrez une surface d'environ 1 m^2.

3

En tenant la taloche en biais, écrasez l'enduit de haut en bas et de la droite vers la gauche. L'enduit doit perdre le relief réalisé au cours de l'application pour dévoiler l'effet nuagé.

L'enduit « Murs en Soi » joue sur la finesse du grain et l'effet nuagé provoqué par la superposition de deux coloris. Les Murs Se Créent.
© Photo Y. Robic

passez une seule couche. L'enduit se teinte au moyen d'un colorant gélifié dosé et le mélange s'effectue manuellement, à l'aide d'une cuillère en bois.

La bonne méthode

Procédez par surfaces successives d'1m². L'enduit se taloche en première couche et vous devez le lisser dans la foulée avec la tranche de l'outil pour écraser la matière et atténuer les reliefs. Le temps de prise étant de 30 minutes, il vous est possible, passé ce délai, de reprendre le travail en mouillant la surface enduite. Poursuivez la première couche. Lorsqu'elle est sèche, faites la deuxième, de l'autre couleur en déposant simplement un voile d'enduit au moyen d'une brosse plate et humide sans couvrir le fond. Avant le séchage, raclez ce dépôt en utilisant la taloche.

Le ponçage final s'effectue sur l'enduit sec pour l'adoucir, douceur que vous pouvez accentuer, visuellement et au toucher, en appliquant une cire incolore.

Laissez sécher la première couche pendant 24 heures, puis poncez l'enduit avec un papier de verre fin de grain n° 180 pour le rendre lisse et soyeux au toucher.

D'une autre couleur, la seconde couche très fine s'étale au moyen d'un spalter, de haut en bas. Elle ne doit pas masquer le fond mais former seulement un voile teinté transparent.

Le jeu de transparence est accentué dès que l'on racle le dépôt humide avec le bord de la taloche. Attendez le séchage complet pour entreprendre une finition cirée, si vous le souhaitez.

Reportage : © Photos Y. Robic.

Lexique

Agent mouillant : produit détergeant permettant de diluer les pigments en poudre (Teepol, produit à vaisselle...).

Blaireau : pinceau en poils de blaireau pour adoucir les effets nuagés des glacis.

Brosse à badigeon : de forme rectangulaire, elle est en soie naturelle. C'est un outil indispensable pour les badigeons à la chaux.

Brosse à pocher : appelée aussi brosse à patiner, elle est en soie naturelle et sert à effacer par pochage les traces de pinceau laissées au cours de l'application d'un glacis.

Charge : minéral inerte servant à épaissir un mortier, une peinture, un enduit (poudre de marbre, sable très fin, talc, craie).

Chaux adjuventée : chaux en pâte contenant divers produits dosés (des adjuvents) pour améliorer ses caractéristiques, par nécessité dans certains cas.

Chaux aérienne éteinte (CL 90) : obtenue à partir d'un calcaire très pur, elle s'utilise dans la composition des enduits d'intérieur et des peintures. Très absorbante, elle durcit au contact du dioxyde de carbone présent dans l'air ambiant (séchage par carbonatation).

Chaux hydraulique naturelle (NHL 3,5) : chaux contenant de l'argile. On l'utilise dans la composition des enduits extérieurs et des gobetis. Elle sèche par évaporation de l'eau.

Corps d'enduit : couche d'enduit intermédiaire entre un gobetis et un enduit de finition.

Fantômes : taches (ou spectres) apparaissant à la surface d'un enduit, et provoquées par une porosité irrégulière du support.

Farinage : effet pulvérulent qui se produit dans un badigeon à la chaux surdosé en pigments.

Fond bloqué : surface insuffisamment poreuse pour recevoir directement un enduit ou un badigeon à la chaux (plaques de plâtre, ancienne peinture).

Fond ouvert : surface poreuse permettant la bonne accroche d'un enduit ou d'un badigeon à la chaux (enduit de chaux, pierre, brique).

Gobetis : couche de mortier mince, irrégulière et rugueuse, servant à accrocher un enduit de recouvrement.

Liant : produit permettant d'assembler par « collage » des matériaux inertes et de les fixer. Les liants s'intègrent obligatoirement dans les préparations à la chaux sur des fonds bloqués, ils servent de fixateur (liant acrylique, caséine ou sel d'alun).

Lisseuse : outil en métal destiné à appliquer et à lisser les enduits (appelé parfois taloche).

Mixtion à dorer : produit incolore servant à coller certaines feuilles métalliques sur un support, en particulier les feuilles de cuivre.

Pigments artificiels : ils s'obtiennent par réactions chimiques selon divers procédés, dont l'oxydation.

Pigments naturels : d'origine minérale, ce sont des terres ou des roches broyées très finement (ocres, terres, oxydes naturels). Résistants à la lumière, ils ont un pouvoir colorant élevé.

Queue à battre : brosse servant à reproduire des effets de matière, et en particulier les pores du bois.

Siccatif : additif servant à accélérer le séchage d'un glacis.

Spalter : brosse plate couramment utilisée pour appliquer vernis et glacis.

Spalter à dents (ou veinette) : brosse plate dont les soies groupées par mèches permettent de reproduire un veinage.

Taloche : outil d'application et de finition d'un enduit, composé d'une surface plane et d'une poignée. En bois, en plastique ou en métal.

Taloche-éponge : en bois, elle dispose d'une semelle en éponge qui sert à créer un léger relief sur les enduits tout en aplanissant la surface.

Temps ouvert : délai pendant lequel il est possible de travailler une peinture, un enduit ou un glacis frais.

Carnet d'adresses

Association Terres et Couleurs
Pour la promotion des terres colorantes - 13 rue Hérold - 75001 Paris. Tél. 01 41 21 88 77

PEINTURES ET ENDUITS

Bessier
Quartier de la Gare
77760 La Chapelle-La-Reine
Tél. 01 60 39 61 10

Blancolor
Rue de Mousselière
30133 Les Angles
Tél. 04 90 15 22 50

Dulux Valentine
ICI Déco Paints France
Centre d'Affaire Objectif
2, rue Louis-Armand-Hall N°4
92607 Asnières Cedex
Tél. 01 46 88 32 32

Enduits Clément
2, rue de l'Église
78890 Garancières
Tél. 01 34 86 60 46

Entrée en Matière
RM distribution
148, route de l'Empereur, B.P. 212
92502 Rueil-Malmaison
Tél. 01 41 96 83 30

Guittet
10, rue Henri Ste Claire-Deville
92565 Rueil-Malmaison
Tél. 01 41 35 53 53

Les Décoratives
Initiatives Décoration
17770 Écoyeux
Tél. 05 46 95 48 00

Les Murs Se Créent
RM distribution
148, route de l'Empereur, B.P. 212
92502 Rueil-Malmaison
Tél. 01 41 96 83 30

Pat's Déco
46-48, rue Marcel-Grosmesnil
94800 Villejuif
Tél. 01 43 90 14 23

Peintures Gautier
10, rue Henri Ste Claire-Deville
92565 Rueil-Malmaison Cedex
Tél. 01 41 35 53 53

Sikkens
ZI des Bas Prés, B.P. 70113
60761 Montataire
Tél. 03 44 64 91 00

Tollens
71, boulevard du Général-Leclerc
92583 Clichy Cedex
Tél. 01 41 27 64 20

Toupret
25, rue de la Poterie
91813 Corbeil Cedex
Tél. 01 69 47 20 20

Viero Lafarge
Peintures Lafarge
71, boulevard du Général-Leclerc
92583 Clichy Cedex
Tél. 01 41 27 62 00

TERRES COLORANTES, LIANTS, BROSSES, CHAUX, CHARGES

Aimos (chaux en pâte)
Société CRP
3, rue du Caro
31800 Saint-Gaudens
Tél. 05 62 00 90 00

Batical (chaux en pâte)
4, place Cigalusa-A1
06300 Nice
Tél. 04 93 89 77 60

Batidol
Chaux et Dolomie Française, B.P. 215
53602 Évron Cedex
02 43 98 23 78

Bien-être Matériaux
47, avenue Reille
75014 Paris
Tél. 01 45 81 08 80

Calcia
Les Technodes
78930 Guerville
Tél. 01 34 77 78 00

Caparol
5, rue des Clomarts, B.P. 34
77871 Montereau Cedex
Tél. 01 60 73 56 56

Chaubat
Chaux du Périgord, B.P. 6
47500 Fumel
Tél. 05 53 40 63 15

Chaubor-Chaux de Boran
Route de Boran
60460 Précy-sur-Oise
Tél. 03 44 27 06 00

Chaux Aérienne ECL
ECL. Flosailles
38300 Saint-Savin
Tél. 04 74 28 98 90

Chaux d'Augmontel
(chaux en pâte)
81600 Payrin
Tél. 05 63 61 32 84

Chaux de Saint-Astier
La Jarthe
24110 Saint-Astier
Tél. 05 53 54 11 25

Cleton
41, rue Saint-Sabin
75011 Paris
Tél. 01 47 00 10 11

Comptoir des Ocres
La Bâtisse
89520 Moutiers-en-Puisaye
Tél. 03 86 45 50 00

C.T.S.
26, passage Thiéré
75011 Paris
Tél. 01 43 55 60 44

Dousselin et Geoffray-Jacquet réunis
2, rue Gabriel-Péri, B.P. 23
69270 Couzon-au-Mont-d'Or
Tél. 04 72 42 96 00

Ets Chauvin
Route de Viton
84400 Apt
Tél. 04 90 74 21 68

Ets Pinel Frères
(chaux en pâte)
Le Puy-Vacher
03450 Ébreuil
Tél. 04 70 90 71 62

La Maison de l'Écologie
Zone artisanale
38960 Saint-Aupre
Tél. 04 76 06 09 99

La Marchande de couleurs
La Pimpie
26120 Montélier
Tél. 04 75 59 70 70

La Pierre Fertile
13, rue de la Mainguais
44470 Carquefou
Tél. 02 28 01 94 00

Laverdure
58, rue Traversière
75012 Paris
Tél. 01 43 43 38 85

Le Moulin à couleurs
08130 Écordal
Tél. 03 24 71 22 75

Les Ateliers de Vérone
31, rue Chaptal
92300 Levallois-Perret
Tél. 01 47 48 16 74

Les Trois Matons
337, route de la Farlède
RN 97
83130 La Garde
Tél. 04 94 14 93 95

Matières et Couleurs
45, rue Sainte-Colombe
33000 Bordeaux
Tél. 05 56 52 04 79

Ocres de France
Impasse des Ocriers
84400 Apt
Tél. 04 90 74 63 82

Sennelier
3, quai Voltaire
75006 Paris
Tél. 01 42 60 72 15

Socli
65370 Izaourt
Tél. 05 62 99 33 80

Strasservil
ZAC de Valentin
Rue Pré-Brenot, B.P. 3011
25045 Besançon
Tél. 03 81 47 40 10

Rougié et Plé
13, bd des Filles-du-Calvaire
75011 Paris
Tél. 01 64 54 70 00

Terres et Couleurs
13, rue Hérold
75001 Paris
Tél. 01 42 21 88 77

Usine Mathieu
84220 Roussillon
Tél. 04 90 05 66 69

16-18, rue de l'Amiral-Mouchez – 75686 Paris Cedex 14
Tél. 01 45 65 48 48 – www.massin.fr

ISBN 2-7072-0478-1

Malgré le soin apporté à sa réalisation, cet ouvrage peut comporter des erreurs
ou des omissions dont l'éditeur ne saurait être tenu pour responsable.
Nous remercions nos lecteurs de bien vouloir nous faire part
de leurs remarques éventuelles.

Nous adressons nos remerciements aux architectes, décorateurs et fabricants
grâce auxquels nous avons pu illustrer cet ouvrage.
Adresses disponibles sur demande aux Editions Charles Massin.

Pour leur collaboration, nous remercions :
Michel Balic : pages 14/15 - 16/17/18 - 30/31/32 - 52/53/54 - 88/89.
L'Association Terres et Couleurs : pages 42/43 - 48/49 - 50/51 - 95.

CRÉDITS PHOTOGRAPHIQUES
Première de couverture : Y. Robic
Quatrième de couverture : O. Perrot
Page de titre : doc. Tollens
Sommaire : A. Rety

CONCEPTION ET MISE EN PAGE
Atelier Gérard Finel, Paris

PHOTOGRAVURE
R.V. B. Éditions, Montrouge

Imprimé en France par IME - Baume-les-Dames (25)